학교사회복지와 탄력성

학생과 교육자의 꿈 이루기

Nan Henderson · Mike M. Milstein 공저 장승옥 역

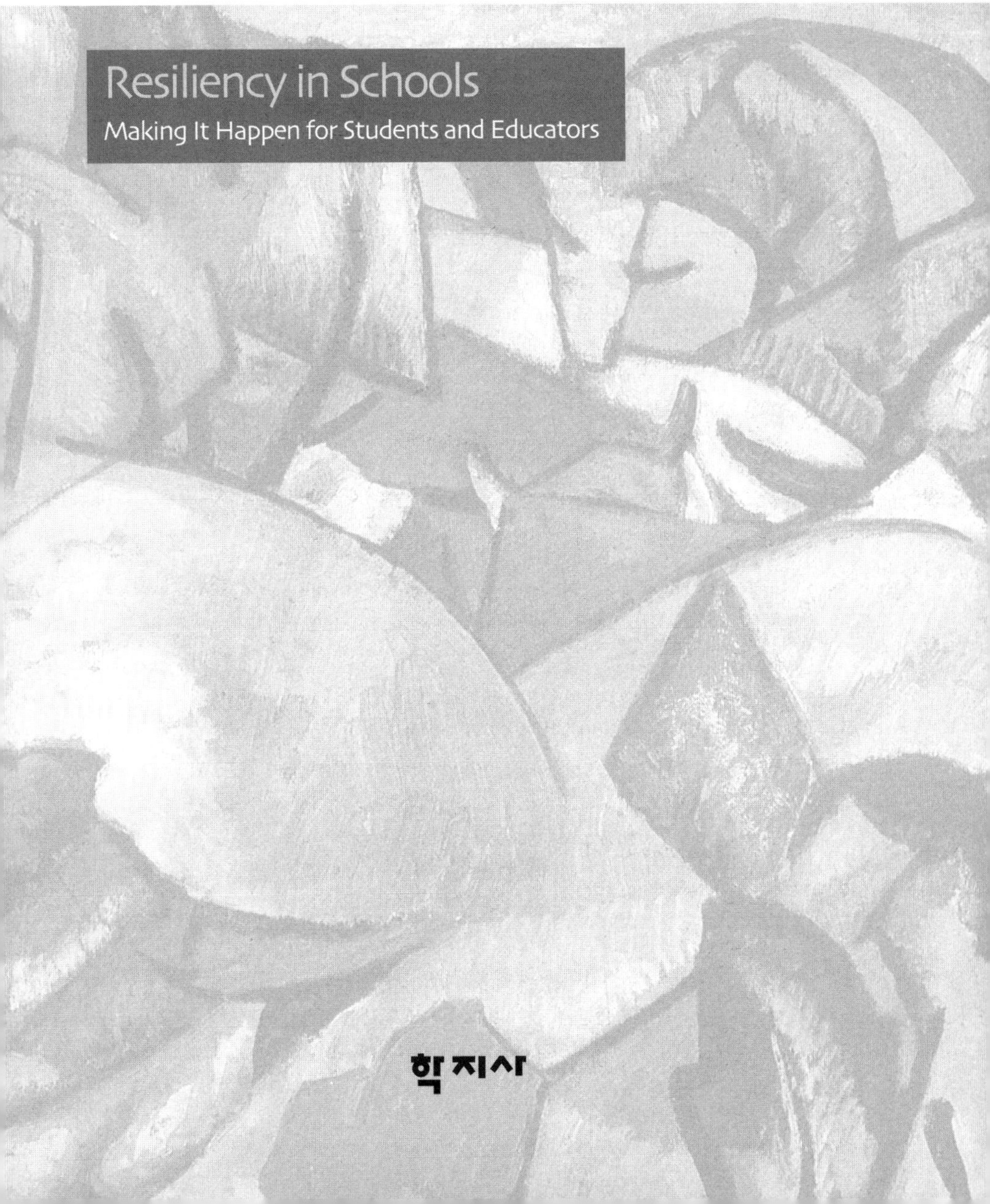

Resiliency in Schools

Making It Happen for Students and Educators

학지사

Resiliency in Schools: Making It Happen for Students and Educators

by Nan Henderson and Mike M. Milstein

| 역자 서문 |

오늘날 아동과 청소년은 그 어느 때보다 더 많은 시간을 학교에서 보내고 있다. 그러나 학교에 적응하지 못하는 아이들이 증가하고 있고, 이들은 살아가면서 부정적인 경험과 상처를 경험하게 된다. 이처럼 공교육 현장에서 문제가 심화될수록 학교사회복지의 필요성이 증대되고 학교사회복지사의 역할 또한 중요해진다. 학교사회복지사는 진정으로 학생들의 가치와 기술의 향상 및 학문적 성취를 도와줄 뿐 아니라 제대로 기능하지 못하는 가정이나 지역사회의 아이들에게 마지막 휴식처를 제공하는 도전적인 역할을 담당해야 한다. 따라서 이들은 복잡하고 다양한 지식과 기술은 물론 위험을 극복하고 강점을 설계하려는 노력이 필요하다.

지금까지 소개된 학교사회복지 관련 책들은 대부분 학교사회복지의 필요성과 역할, 정책 등에 초점이 맞추어져 있을 뿐 학교에서 어떻게 실천할 것인가에 관한 지침서는 찾아보기가 힘들다. 『학교사회복지와 탄력성』은 *Resiliency in Schools*를 번역한 것이다. 무엇보다도 고심했던 것은 이 책의 핵심 용어인 'resiliency'에 적합한 단어를 찾는 것이었다. 이 용어는 적응유연성, 탄력성, 복원력, 회복력, 레질리언스 등으로 번역되고 있다. 원래의 의미와 느낌을 그대로 우리말로 옮길 수는 없었지만 일단 현재 사회복지학회를 중심으로 가장 많이 사용되는 용어인 탄력성으로 번역하였고, 책의 제목도 이 책의 의도를 좀 더 정확하게 전달한다고 판단하여 '학교에서의 탄력성' 이라는 원제를 '학교사회복지와 탄력성' 으로 바꾸었다.

용어나 문화의 차이로 인한 언어 선택의 어려움에도 불구하고 감히 번역을 하기로 결심한 것은 학교에서 탄력성 중심의 변화를 가져오는 최선의 방안은 함께 자료를 읽고 토론하는 연구 모임을 시작하는 것이라 믿었고, 이 책이 그 초석을 마련할 수 있다고 판단했기 때문이다. 이 책은 구체적인 실천 사례를 통해 학교에서 탄력성이 어떻게 인식되고 육성되며 활용되는가를 보여 준다. 이 책은 여섯 개 축으로 구성된 탄력성 바퀴에 대해 기술하면서, 이를 활용하여 학생, 교사, 학교 환경을 어떻게 변화시키는가에 대한 아이디어와 활용 가능한 양식, 사정도구, 그리고 활동 과제를 포함하고 있다. 역자가 이 책에서 도움을 받았듯이, 학교사회복지를 공부하는 사람뿐 아니라 아동 · 청소년과 함께 실천현장에서 일하는 모든 독자도 이 책을 통해 그들의 삶을 변화시킬 수 있다는 희망을 얻고 학교에서의 탄력성 증진이라는 어려운 과업을 수행하는 데 도움을 얻기를 바란다. 이 책을 중심으로 탄력성 증진 학교 환경을 효과적으로 만들어 가는 소모임들이 활성화되고 책 내용에 대한 비판적인 검토가 진행되어, 언젠가는 학교문화를 변화시키고 한국적인 관점과 이론을 개발하는 실천의 동력이 되기를 희망한다.

2008년 6월

장승옥

행동주의 과학자들은 '탄력성' 용어를 다음의 세 가지 현상을 기술하기 위하여 사용해 왔다. 첫째, 만성적 빈곤이나 부모의 물질남용과 같은 '고위험' 상황에서 살아가는 아동에게 나타나는 긍정적인 발달 성과, 둘째 부모의 이혼을 둘러싼 사건처럼 장기간의 스트레스하에서 유지되는 아동의 유능성, 셋째 시민전쟁과 강제수용소의 공포와 같은 외상으로부터의 회복이다. 학자들은 이러한 세 가지 상황에서 개인적 기질과 확대가족 및 지역사회에서의 지지라는 원천은 인종적, 지역적 및 사회적 계층의 경계를 뛰어넘는 공통된 핵심이라고 판단하고 있다.

카우아이 종단연구(Kauai Longitudinal Study)에 따르면, 빈곤, 임신 중의 스트레스, 부모의 정신병리 및 가족의 역기능 등의 복잡한 조합을 성공적으로 극복한 아동이 가장 자주 접한 보호요인은 교사와 학교였다(Werner & Smith, 1992). 탄력적인 젊은이들은 초등학교부터 고등학교, 지역전문대학(community college)까지 그들에게 긍정적인 역할 모델이 되어 준 좋아하는 교사를 만났다. 강제수용소의 아동 생존자들의 삶에서도 온정과 보살핌을 제공하고 '열정적으로 행동하도록' 가르쳤던 특별한 교사들이 잠재적인 영향력을 행사했다(Werner, 1990).

탄력적인 아동에 관한 대부분의 종단연구는 아동이 유치원이나 초등학교, 고등학교 등 어느 학교나 좋아했고, 학교를 역기능적 가정으로부터의 피신처인 '집에서 멀리 있는 가정'으로 만들었다는 점에 주목했다. 좀 더 성공적인 도심의 학교들은 현실적으로 높은 학문적 기준들을 유지하려는 경향이 있고, 풍부한 칭찬과 함께 효과적인 피드백을 제공하며, 학생들에게 신뢰와 책임을 부여하는 지위를 제공한다. 이러한 구조적 지원은 특히 이혼 성향이 있는 가정과 소수민족 출신의 아동에게 잠재적인 보호요인이 되는 것으로 나타났다(Werner, 1990).

난 헨더슨(Nan Henderson)과 마이크 밀스테인(Mike M. Milstein)은 연구문헌의 탐독과 많은 '실제적인' 경험을 토대로 하여 모든 아동의 미래에 관심을 가진 행정가와 교사, 학부모들이 읽어야만 하는 훌륭한 책 『학교사회복지와 탄력성: 학생과 교육자의 꿈 이루기(*Resiliency in Schools: Making It happer for Students and Eudators*)』를 발표했다. 전체 8장으로 구성된 이 책에서, 저자들은 교육현장에서 보살핌을 주는 사람들이 자기 자신뿐만 아니라 교실과 개별 아동의 탄력성을 어떻게 높일 수 있는지에 대해서 제시했다. 그들은 학교와 지역사회 현장에서 시도된 광범위한 활동들을 제시하며, 가장 중요한 점은 학생과 교사의 삶에서 보호요인을 배양하는 학교로 변화시키는 과정을 점검하는 사정과 평가 도구들을 제공했다는 점이다.

이제 경고의 말을 할 차례다. 탄력적인 아동의 연구는 우리에게 위험과 스트레스에 노출된 아동 간에는 개인차가 크다는 것을 알려 준다. 탄력성을 양성하려는 목표로 수행하는 다양한 범위의 개입 전략에 대한 학생과 교육자의 반응도 개인차가 있다는 것을 독자들은 놀라운 일로 받아들여서는 안 된다. 비록 헨더슨과 밀스테인은 '위험에 처한' 아동과 더불어 학교와 지역사회에서 시도할 수 있는 다양한 대안을 제공하지만, 이러한 '변화과정' 은 대부분 상대적으로 단기적이고 각 프로젝트를 위해 모아진 지원 기금의 주기에 의존하고 있는 것처럼 보인다. 그들이 제시하는 핵심인 탄력성 바퀴는 사정과 개입을 위해서 스스로 발견하게 하는 유용한 도구지만, 개입 프로그램들에 참여한 아동과 교사의 행위에서 긍정적이고 지속적인 변화를 보여 주는 구체적인 성과를 측정하여 보완되어야 하고, 독립적인 관찰자에 의해 기록되어야만 한다. 이 책을 읽은 후에 독자가 스스로에게 물어야만 하는 질문이 결론에 간결하게 정리되어 있다. '탄력성 증진에 성공하였다는 것을 어떻게 알 수 있는가?' '어떤 측정 도구를 사용할 것인가?' '그것들을 누구와 함께 사용해야 하는가?' '언제 그것들을 사용하게 될 것인가?' 저자들은 이 책에서 이러한 질문들에 대해 분명하게 대답하고 있지는 않지만, 학생과 교육자와 함께 일하는 각자의 업무 상황에서 이러한 문제들을 고민해 보도록 한다.

캘리포니아 대학교에서
(인간발달) 연구 교수
Emmy E. Werner

| 차 례 |

■ 역자 서문 _ 3
■ 추천사 _ 5

제1장 탄력성 개념 13

탄력성의 출현 / 14
이 책의 목적 / 15
변화하는 태도 / 16
위험연구 대 탄력성 / 17
탄력성 문헌에 나타난 성인 / 19
탄력성과 보호요인의 개념 / 21
탄력적인 개인의 모습 / 24
탄력성을 양성하는 6단계 / 26
탄력성 바퀴 활용하기 / 30
과정으로서 탄력성 / 31
맺음말 / 32
활동 과제 / 33

제2장 학교가 학생 탄력성을 양성하는 방안 35

관계성과 탄력성 증진 / 36
학생 탄력성 증진의 장벽 / 37
탄력성 증진 교실 / 42
학교에서 탄력성 바퀴의 6단계 적용하기 / 47
탄력성 증진과 학업성취 연결하기 / 53
맺음말 / 56
활동 과제 / 57

제3장 탄력적인 학생은 탄력적인 교육자가 필요하다 59

역할 모델로서의 교육자 / 59
교육자의 탄력성을 방해하는 요인 / 60
교육자 탄력성 개선하기 / 64
교육자와 여섯 가지 탄력성 증진 요인 / 68
탄력적인 교육자 / 73
맺음말 / 74
활동 과제 / 76

제4장 탄력성 증진 학교의 특성 77

탄력적인 학생과 교육자는 탄력성 증진 학교가 필요하다 / 78
탄력성 증진 학교의 발전을 방해하는 요인 / 79
탄력성 증진 학교의 모습 / 83
학교와 여섯 가지 탄력성 증진 요인 / 85
맺음말 / 92
활동 과제 / 93

제5장 탄력성을 증진시키는 학교로 변화시키기 ············ 95

현상 이해하기와 변경할 것이 무엇인가를 결정하기:
사정, 동의 및 행동과정 설정 / 96
상황을 긍정적으로 변화시키기: 개입, 평가 및 지속적 접근 / 103
맺음말 / 112
활동 과제 / 113

제6장 실행 중인 변화과정 ·· 115

앨버커키 공립학교 조기 기회 프로젝트 / 116
자신의 학교에서 탄력성 중심의 변화 주도하기: 준비 정도 판단하기 / 120
초기의 정보 공유 / 122
사 정 / 124
동 의 / 126
행동과정 설정 / 127
개입과정 / 129
평 가 / 134
지속적 접근 / 136
맺음말 / 138
활동 과제 / 139

제7장 실천에서의 탄력성 증진 ···································· 141

학교 비전과 사명 선언문 / 142
훈육에 대한 탄력성 증진 접근 / 145
모든 학생을 위한 장려 프로그램 / 149
건강을 손상시키는 훈육 위반에 대한 보살핌 접근 / 151

갈등조정 / 153
학교운영팀의 학생들 / 155
탄력성 증진을 위한 전략 가르치기 / 155
학생 중심의 탄력성 증진 개입의 다른 예 / 156
맺음말 / 157
활동 과제 / 158

제8장 변화를 촉진하는 도구 159

현재 상황을 사정하기 위한 도구 / 160
변화 향상과 헌신 증진을 위한 도구 / 165
노력을 평가하고 성공을 즐기기 위한 도구 / 170
맺음말 / 173

추천 도서 / 183
유용한 웹사이트 / 193
참고문헌 / 195
찾아보기 / 202

제1장

탄력성 개념

1980년대 미국에서 손상 모델은 거대한 하나의 흐름으로 전문가들로부터 대중문화로 빠르게 흘러갔다. …… 우리는 어떻게 손상 모델의 염세주의를 피할 수 있을까? …… 우리는 손상의 취약성에 대해서는 귀를 덜 기울이고, 그것이 나타날 때 역경으로부터 회복하는 우리 능력에 대해서는 좀 더 귀를 기울여야 한다.

Wolin & Wolin(1993: 20)

오늘날 학교는 모든 학생의 성공을 확신하면서 능력 있고 열정적인 평생학습자로서의 교직원을 양성해야 하는 어려운 시련에 직면해 있다. 이 책은 학생과 교직원 발달의 새로운 패러다임인 '탄력성' 을 발달시키는 것에 관한 것으로, 이러한 목적을 달성하기 위해 연구에 기초하여 잘 짜인 이론을 학교에 제공한다. 제1장에서는 탄력성의 개념을 규정하고, 이 패러다임을 위한 연구 기반을 탐색하며, 탄력성 증진을 위한 6단계 행동계획을 소개한다. 또한 이 책의 전반적인 목적, 즉 학생과 교사 모두에게 탄력성을 실현시키는 방법도 다루고 있다.

제2, 3, 4장에서는 탄력성 증진이 학생, 교사 그리고 조직으로서의 학교에서 각각 어떻게 보이는지에 초점을 둔다. 제5장과 제6장에서는 학교가 어떻게 탄력성 설계자로서 좀 더 변화할 수 있는가에 대한 사례를 기술한다. 마지막으로 제7장과 제8장에서는 각 학교에서 탄력성 증진에 활용할 수 있는 구체적인 도구를 제공한다.

탄력성의 출현

탄력성 패러다임의 토대는 아동과 성인이 스트레스, 정신적 외상, 삶의 위기로부터 어떻게 회복되는가에 관하여 신경의학, 심리학 및 사회학 분야에서 등장한 매우 새로운 관점이다. 이 분야에서는 스트레스와 위기(학대, 상실, 방임이나 단순한 일상생활 스트레스를 포함하는)가 정신병리를 가져오거나 빈곤, 학대, 교육적 실패 또는 폭력이라는 고리를 영속시킬 수밖에 없다는 의견에 도전하는 연구들이 증가하고 있다.

이 연구들을 기반으로 부정적인 인생 경험을 회복하고 그것을 극복하는 과정에서 강해질 수도 있다는 탄력성이라는 개념이 등장했다. 탄력성 발달을 증진시키고 이해하며 관심을 가져야 한다는 요구는 사회과학자뿐만 아니라 학교에서 일하고 배우는 사람 모두를 위해 학교가 탄력성 양성 기관이 되어야 한다는 것을 깨달은 교육자들로부터 제기되었다. 사실상 탄력성 연구는 교육자들이 오랫동안 알고 싶어 하고 바라던 증거를 제공한다. 가족을 제외한 어느 조직보다도 학교는 현재의 청소년과 미래의 성인에게 탄력성을 양성할 수 있는 환경과 조건을 제공할 수 있는 곳이다. 모든 학생과 열정적이고 의도적인 변화를 지향하는 교직원이 함께 학문과 인생의 성공이라는 목표를 달성하는 것은 학생과 교직원의 탄력성을 증가시키는 것을 포함한다.

이 책의 목적

이 책은 자신과 타인의 탄력성을 양성하는 일에 좀 더 숙달되도록 학생과 교사, 행정가와 그 밖의 학교공동체에게 도움을 주기 위한 것이다. 탄력성의 중요성과, 학교가 사람을 회복시키고 좀 더 유능하고 성공적인 학습자, 근로자 및 시민이 되도록 돕는 방법을 이해하는 것은 그 어느 때보다 지금 더욱 필요하다.

미국 문화는 부정성에 붙잡혀 있고 교육도 종종 실의에 빠지거나 실망스러운 상태에 머물러 있다. 학교는 성공적인 학습자를 더 많이 배출하지 못한다는 이유로 점점 더 공격받고 있다. 이에 교직원은 효과성을 저해하는 약물 사용, 이혼, 범죄와 폭력을 포함한 사회적 문제의 증가를 지적하면서 대응한다. 그들은 '적은 것으로 더 많이' 수행하라는 압력의 증가와 함께 지역사회의 지지와 감사, 인정이 부족하다고 느낀다. 이러한 상황은 종종 협조적인 학교공동체라는 이상보다는 '우리 편과 반대편' 이라는 감정을 가져온다.

학생의 삶에서 '위험' 과 무수한 '위험요인' 을 탐색한 연구에 초점을 두는 것은 아동과 청소년에 대한 실망감을 느끼게 해 왔다. 성인들은 아동의 삶에서 광범위한 위험이 실재할 것이고, 부정적인 결과—학교 중퇴, 약물 사용, 교도소행—에 이르는 아동의 수는 증가할 것이라고 믿게 되었다.

탄력성 연구는 이론과 이론에서 도출되는 지지 전략들과 더불어 좀 더 긍정적이고 정확한 관점을 제공한다. 이는 삶에서 스트레스, 정신적 외상이나 '위험들'을 경험하는 모든 사람은 아니더라도 많은 사람이 회복될 수 있다는 과학적 증거를 토대로 희망을 제공한다. 이는 교육자들에게 '결핍 대신 강점'에 좀 더 초점을 두도록 하고, 강점이라는 렌즈를 통해서 개인의 행동을 분석하도록 요구하며, 탄력성으로 통하는 보급로로서 강점의 힘을 확인하게 한다. 이것은 최근까지 간과되었던 인간의 삶에서 무엇이 '잘된 것인지'를 보여주는데, 이는 모든 '잘못된 것'을 뛰어넘게 하는 길을 형성할 수 있게 한다. 이 책에서 제안하는 가장 중요한 점은 학교와 같은 조직에서 배우고 일하는 학생과 성인의 생활에 탄력성이 넘쳐 나도록 해야 한다는 점이다.

변화하는 태도

탄력성 연구는 인간발달의 병리학에 기초한 의료 모델에서 벗어나 예방적인 안녕을 기반으로 한 모델을 지향하는 철학적 혁명을 가능하게 한다. 안녕 모델은 역량, 권한 부여, 자기효능감의 출현에 관심을 둔다. 탄력성 연구자들은 '질병을 확인하고, 분류하며, 낙인을 찍는 것을 쉽게' 말하는 심리학과 정신의학 분야에서 '사람을 건강하게 하는 힘을 경시하는 것'을 비판한다(Wolin & Wolin, 1993: 13).

그들은 동료들에게 '개인의 강점이라는 원천을 충분히 탐색할 것'을 요구한다(Higgins, 1994: 2). 대다수의 사람들이 위험과 스트레스, 정신적 외상에 관한 새로운 태도를 환영했다. 탄력성을 지원하는 적절한 환경과 더불어 강점은 역경으로부터 출현할 수도 있다(Higgins, 1994; Richardson, Neiger, Jenson, & Kumpfer, 1990; Werner & Smith, 1992; Wolin & Wolin, 1993).

탄력성 연구의 철저한 검토를 기초로 버나드(Benard, 1991)는 사람들이 탄력성에 관한 능력을 가지고 있음을 인식해야 한다고 결론지었다. 사람들이 문제나 결점을 찾을 때처럼 탄력성의 신호를 세밀하게 탐색한다면, 탄력성의 특성은 거의 모든 사람에게서 발견될 수 있다. 모든 사람이 살아가면서 스트레스, 정신적 외상, 방해들을 극복해야 한다고 본다면, 사실상 탄력성 발달과정은 인생의 과정이다. 탄력성 증진은 탄력성의 '어느 부분이라도' 탐색하고(Higgins, 1994: 322), 당신과 학생이 직면하는 역경을 '극복하고 견디고 허를 찌르고 넘어서는' 순간들은 찾아내려는 태도를 포함한다(Wolin & Wolin, 1993: 7).

위험연구 대 탄력성

탄력성 연구는 수년간 인간발달 관점에 퍼져 있던 결핍과 병리 중심의 모델에만 국한된 위험에 관한 연구와는 다르다. 대부분의 위험연구는 약물남용, 학교실패, 범죄 연루와 같은 문제를 가진 개인에 초점을 맞춘다. 일단 이러한 문제에 처한 사람이 확인되면, 위험연구가는 그들의 개인력을 살피고 현재의 환경적 상황을 탐색하면서 그들의 삶에 존재하는 특별한 상호 관련성을 찾아낸다. 대부분의 학교 교사에게는 '위험요인' 이라 일컫는 이러한 상호 관련성이 잘 알려져 있는데, 이러한 요인에는 가족의 중독, 빈곤, 방임, 부정적인 학교 분위기, 지역사회 해체, 그리고 인간의 기본욕구의 부족이 포함된다.

하지만 위험연구는 원인과 결과를 명확하게 드러내지 못하기 때문에 한계가 있다. 예를 들면, 중독으로 발전하거나 학교실패를 경험하고 범죄 행위에 연루된 사람의 환경과 개인적 특성은 문제의 원인인가 아니면 결과인가? 알코올중독이 노숙자를 만드는가 아니면 노숙이 알코올중독으로 이끄는가? 아이의 사회기술 부족이 반사회적 행동을 유도하는가 아니면 반사회적 경향을 가진 아동이 적절한 사회기술을 통합하고 사용하는 데 문제를 가지고 있는가?

이러한 원인-결과의 딜레마에 대한 대응은 발달적이고 장기적인 연구설계였다. 이러한 유형의 연구에서 장애발달을 더 잘 이해하기 위해 아동—때로는 청년—은 발달과정에서 다양한 시기가 사정되었다. 이러한 설계로, "일치된—그리고 놀라운— 결과, 즉 고위험 아동이 정상 집단보다 높은 비율로 다양한 문제를 발전시킨다 하더라도, 그보다 많은 비율의 아동은 건강하고 유능한 청년으로 성장한다." (Benard, 1991: 2)는 결과가 나타났다.

회상적인 연구와 반대로 종단연구는 여러 차례의 잠재적 위험요인에 노출된 아동 가운데에서도 이러한 사례가 존재한다는 것을 보여 준다. 간단히 말해, 종단연구는 위험연구가 남겨 놓은 부정확한 흔적들을 수정해 왔다. 전부는 아니지만, 고위험 집단으로 확인된 많은 아동은 교육자들이 예상해 왔던 일련의 문제들을 일으키지 않았다. 그들은 고위험 환경에서 성장했지만 '탄력적이다.' '아동은 교정 렌즈, 즉 극단적으로 불우한 환경 속에서도 정상적인 성인으로 성장하는 자기보정 경향이 있다는 깨달음' 이 필요하다는 것은 분명하다(Werner & Smith, 1992: 202).

탄력성 문헌에 나타난 성인

오늘날까지 거의 모든 탄력성 연구는 아동과 청소년에 초점을 두었기 때문에, 성인이 어떻게 모든 개인 및 업무 관련 스트레스로부터 회복되는가에 대한 이해는 이제서야 등장하기 시작했다. 연구자들의 연구를 우리 자신의 관찰과 성인을 포함한 연구까지 확장하여 검토해 보면 탄력성 증진 과정은 아동과 성인에게서 유사하게 나타난다. 이러한 과정은 [그림 1-1]의 탄력성 모델(Richardson et al., 1990)에 그려져 있다.

탄력성 모델에 따르면, 개인이 어느 연령에서 시련을 경험하게 되면—이상적으로— 그 사람은 개인적이고 환경적인 특성, 즉 시련으로부터 보호해 주는 보호요인 또한 경험한다. 충분한 '보호' 가 있으면, 개인은 생활에서 중요한 혼란을 경험하지 않고 시련에 적응하게 된다. 이러한 개인은 안전지대 안에 머물거나, '항상성' 을 유지하거나, 시련을 극복하는 과정에서 발달된 정서적 강점과 건강한 대응전략에 의해 증가된 수준의 탄력성으로 옮겨 간다. 꼭 필요한 보호가 없으면 개인은 심리적 혼란 과정을 경험하고 다음에 그 혼란으로부터 재통합을 이룬다. 또다시 개인적 · 환경적 보호요인은 재통

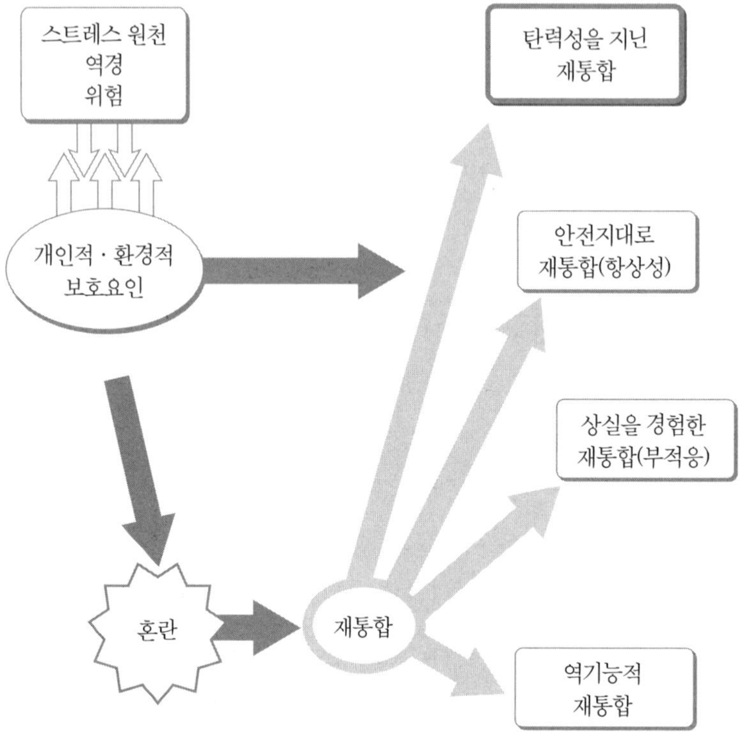

[그림 1-1] 탄력성 모델

출처: Richardson, Neiger, Jensen, & Kumpfer, 1990에서 인용

합 유형을 지배할 것이다. [그림 1-1]에 나타난 것처럼, 재통합은 알코올이나 다른 약물남용, 자살 시도, 자존감의 손상이나 건전한 대응력 손실 등의 부적응처럼 역기능적인 특성을 드러낼 수 있다. 결과적으로 재통합은 안전지대나 증가된 탄력성으로 개인을 복귀시킬 수도 있다.

탄력성 모델은 다음의 두 가지 중요한 사실을 제공한다. 첫째, 시련이 자동적으로 역기능을 이끄는 것은 아니지만 이를 경험하는 개인에게는 수많은 결과를 초래할 수 있다. 둘째, 시련에 대한 초기 역기능적 반응마저도 시간이 경과하면 나아질 수 있다. 리차드슨과 동료들(Richardson et al., 1990)은 탄력성 모델에서 그림으로 표시된 과정은 사실상 삶의 과정이므로 모든 사람에게 적용될 수 있다고 했다.

환경은 두 가지 방식으로 개인의 탄력성에 결정적이다. 첫째, 스트레스 요인이나 시련에 부딪혔을 때 개인이 탄력적이 되도록 도와주는 내적 보호요인은 종종 이러한 특성을 개발시키는 환경 조건의 결과로서 나타난다. 둘째, 스트레스 요인이나 시련에 덧붙여서, 즉각적인 환경 조건은 부적응이나 역기능에서 현상 유지나 탄력성으로 개인적 반응의 균형을 이동하도록 해 준다.

탄력성과 보호요인의 개념

문헌에서 사용되는 개념은 대부분 매우 유사하지만 널리 인정된 '탄력성'의 개념은 없다. 리차드슨과 동료들(1990)은 탄력성을 '파괴적이고 스트레스가 되는, 또는 시련이 되는 생애사건에 대해 그 사건으로 혼란을 경험하기 전보다 개인에게 부수적인 보호와 대응기술을 제공하는 방식으로 대처하는 과정' (p. 34)이라고 기술했다. 히긴스(Higgins, 1994)는 탄력성을 '자기보정과 성장의 과정' (p. 1)이라고 기술함으로써 이러한 관점을 반복했다. 울린 부부(Wolins, 1993)는 탄력성을 '회복하고, 곤경을 견디며, 자신을 치료하는 능력' (p. 5)으로 규정했다. 그들은 취약하고 극복할 수 없으며 견디기 어려운 현상을 묘사하기 위해 연구자들이 이전까지 사용해 왔던 용어 대신에

'탄력적인(resilient)' 이란 용어가 채택되었다고 설명하고 있다. 왜냐하면 이 용어가 그러한 과정에 포함된 고통과 노력, 고생을 인식하고 있기 때문이다.

학생과 교육자에 초점을 두면 리킨과 후프만(Rirkin & Hoopman, 1991)이 선택한 다음과 같은 정의가 도움이 되는데, 여기에는 학교에서 유발해야 하는 탄력성 증진 요인이 포함된다. 탄력성은 복원되고, 다시 뛰어오르고, 역경에 직면하여 성공적으로 적응하며, 심각한 스트레스나 오늘날의 세계에 내재된 스트레스에 노출되었음에도 불구하고 사회적 · 학문적 · 직업적 역량을 발달시키는 능력으로 규정될 수 있다. 이 정의에 따르면, 오늘날의 모든 학생을 비롯한 모든 성인은 탄력성을 발달시킬 필요가 있음이 분명하다.

탄력성은 개인마다 다르며 시간이 지나면 성장이나 쇠퇴할 수 있는 특성이다. 보호요인은 스트레스를 주는 상황이나 조건의 부정적인 충격을 완화하는 개인이나 환경에 내재된 특성이다. 학교는 당면한 상황에 대한 탄력적인 대응을 양성하는 환경적 조건, 개인적인 내적 보호요인을 발달시키는 교육적 접근, 예방과 개입 프로그램, 그리고 적절한 교과과정을 모두 실천할 수 있다. 내적 보호요인과 환경적 보호요인의 목록은 〈표 1-1〉에 포함되어 있다.

이러한 의식은 학문적으로나 사회적으로 실패한 아동과 과도한 변화에 지치고 사기가 꺾인 교직원 모두를 위해 탄력성 증진이라는 해결책을 제시한다. 목표는 스트레스가 많은 생애사건의 충격을 감소시키고 균형을 이루도록 이동하는 것이다. 이러한 균형이 적절히 이루어지면 높은 스트레스에 대한 적응이 가능하다. "그러나 스트레스가 많은 생애사건이 보호요인보다 강력하다면, 가장 탄력적인

〈표 1-1〉 내적 보호요인과 환경적 보호요인

내적 보호요인: 탄력성을 촉진하는 개인적 특성
1. 타인을 위한 서비스나 복지에 자신을 맡김 2. 현명한 의사결정, 자기주장성, 충동 조절 및 문제해결을 포함하는 생활기술의 활용 3. 사교성, 친구를 사귀는 능력, 긍정적인 관계를 형성하는 능력 4. 유머 감각 5. 내적인 통제의 소재 6. 자율성, 독립심 7. 개인적 미래에 대한 긍정적인 견해 8. 융통성 9. 학습을 위한 능력과 연계 10. 자기동기 부여 11. '무언가에 능함', 개인 역량 12. 자존감, 자신감
환경적 보호요인: 탄력성을 양성하는 가족, 학교, 지역사회 및 또래집단의 특성
1. 친밀한 유대의 향상 2. 교육을 중시하고 장려함 3. 온정적이고 비난을 적게 하는 상호작용 활용 4. 분명한 경계 설정과 집행(규율, 규칙, 법률) 5. 많은 보살핌을 주는 사람과의 지지적인 관계 장려 6. 책임성의 공유, 타인을 위한 서비스, '필수적인 도움 주기'의 향상 7. 주거, 고용, 건강보호, 여가 등의 기본욕구를 충족시킬 수 있는 자원에의 접근성 제공 8. 성공을 위한 높고 현실적인 기대감 표현 9. 목표 설정과 성취 장려 10. 이타적 가치와 협동성 같은 생활기술의 개인적 발달을 권장 11. 지도력, 의사결정 및 그 밖의 의미 있는 참여 기회를 제공 12. 개인마다 독특한 재능 인정

출처: Richardson et al., 1990; Benard, 1991; Werner & Smith, 1992; Hawkins, Catalano, & Miller, 1992에서 인용

경우조차도…… 문제가 나타날 수 있다." (Werner, 1990: 111)

탄력적인 개인의 모습

탄력적인 아동과 탄력적인 성인은 놀라울 정도로 유사해 보인다. 버나드(1991)는 탄력적인 아동은 문제해결, 비판적 사고, 새로운 일을 시작하는 능력과 같은 생활기술을 갖추었으며 사회적으로 유능한 특징이 있다고 보았다. 이들은 목표의식이 있고 자신의 긍정적인 미래를 예견한다. 또한 특별한 흥미와 목표 지향성, 학교와 인생에서 이루려고 하는 동기들이 있다.

히긴스(1994)는 긍정적인 관계, 적절한 문제해결, 비판적 사고 및 자기개선 동기에 대해 언급하면서 탄력적인 성인의 유사한 특징을 말했다. 교육적 동기는 교육적 성취에 의해 입증되듯이 성인에게도 뚜렷이 나타난다. 그들은 종종 의식적으로 사회변화나 실천주의에 가담하고 전형적으로 자신을 영적이나 종교적이라고 여기는 신앙심을 갖는다. 그들 대부분은 자신이 경험했던 스트레스, 정신적 외상 그리고 비극으로부터 특정 의미나 유용성을 구성하는 능력을 보여 준다. 그러나 히긴스는 스스로를 탄력적이라고 여기는 많은 성인에 대해 탄력성의 씨앗이 그들의 어린 시절에는 자신이나 다른 사람에게 항상 뚜렷하게 나타나지는 않았다고 지적한다.

울린 부부(1993)는 알코올중독이나 그 밖의 스트레스가 많은 환경에서 자란 아동과 청소년에 관한 그들의 연구를 토대로 '탄력성' 이라 불리는 일곱 가지 내적 특성은 탄력적인 아동과 성인 모두에게 전형적으로 나타난다고 했다. 울린 부부는 사람들은 역기능적 환경에서 성장함으로써 다양한 수준의 문제를 개발하는 것뿐 아니라, '손상'을 탄력적으로 극복하기 위한 생명선으로 기능할 수 있게 하는 내적 탄력성 중 어느 것 하나라도 개발하게 된다고 보고하였다. 이들이 말하는 탄력성은 주도성, 독립심, 통찰력, 관계성, 유머, 창의성 그리고 도덕성이다. 이것들의 발달 신호는 연령에 따라 다르게 나타난다.

아동의 주도성은 아동 자신의 환경을 탐색하는 것이고 성인에게서는 행동으로 옮기는 능력으로 표현된다. 아동의 독립심은 아이가 즐겁지 않은 상황에 머무르거나 떠나는 것으로 나타난다. 성인에게서는 외적 상황으로부터 자신을 분리하는 능력과 자율적으로 행동하는 것으로 나타난다. 아동의 통찰력은 환경적 상황에서 무엇인가가 잘못되었다는 것을 감지하는 것이며, 성인에게서는 무엇이 잘못되었고 왜 잘못되었는지의 좀 더 발전된 감각을 보여 주는 것으로 표현된다. 아동이 다른 사람과 교류하고 싶어 한다면 아동은 관계성이라는 탄력성을 보이는 것이다. 탄력성을 가진 성인은 타인과 관계를 형성하게 하는 복잡한 일련의 능력을 보유한다. 아동의 유머와 창의성은 놀이를 통해 드러나고, 성인의 유머와 창의성은 자기 탐색적이다. 도덕성은 아동에게서는 옳고 그름에 대한 판단으로 드러난다. 성인의 도덕성은 이타성과 통합적으로 행동하는 것을 의미한다.

울린 부부(1993)는 아동이나 성인이 가진 이러한 특성 중에 어느 한 가지만으로도 개인이 역기능적이고 스트레스가 많은 환경적 시련을 극복하도록 추진하기에 충분하며, 부가적인 탄력성들은 종종 이러한 초기의 한 가지 강점으로부터 발전한다고 말한다. 그들은 가족의 역기능이나 다른 환경적 스트레스에 직면한 개인은 종종 부정적인 행위와 탄력성을 가진 행위 모두에 이중적으로 반응한다고 설명한다. 종종 역기능적으로 보이는 행위(예, 가출)는 사실상 탄력성의 요소(주도성과 독립심과 같은)를 포함할지도 모른다. 이러한 행위를 못 본 체하지 않고 긍정적인 요소를 포함하도록 재명명하는 것은 필수적인 탄력성 증진 과정을 촉진할 수 있다. 또한 그들은 탄력성 행위를 자주 지적하고 칭찬할 것을 권장한다.

탄력성 연구자들은 탄력성을 자질의 목록이라기보다는 과정임을 강조한다. 비록 일부 사람들은 외향성, 사회적 위치 그리고 신체적 매력과 같은 탄력성에 기여하는 유전적 성향을 가진 것처럼 보이지만(Werner & Smith, 1992), 탄력성과 관련된 대부분의 특성은 학습된다(Higgins, 1994). 다음에서는 앞서 언급한 내적 탄력성 특성을 증진함과 동시에 환경적 보호요인을 제공하는 환경적 조건을 탐색하고자 한다.

탄력성을 양성하는 6단계

위험과 탄력성 문헌은 역경에서 회복하고, 직면한 문제와 압력에 적응하며, 인생을 잘 살아가는 데 필요한—사회적, 학문적 그리고 직업적인— 역량을 발달시키는 개인의 능력을 개발하는 데 학교가 결정적인 환경임을 강조한다. 여섯 가지의 일관된 주제는 학교뿐만 아니라 가족과 지역사회가 환경적 보호요인과 개인의 내적 보호요인을 양성하는 조건 모두를 어떻게 제공할 수 있는지를 보여 주는 연구를 통해 드러났다. 이러한 주제는 학교에서 탄력성을 양성하기 위한

6단계 전략을 설정한다. 여기서는 6단계 전략을 간략히 소개하고 다음의 각 장에서 자세히 설명할 것이다. 각 단계들은 [그림 1-2] 탄력성 바퀴에 표시되어 있다.

1~3단계: 위험요인 완화시키기

지난 수십 년에 걸쳐 이루어진 수백 편의 연구를 포함한 위험요인 연구는 20년 동안 위험과 보호요인에 관한 연구를 수행해 온 호킨스

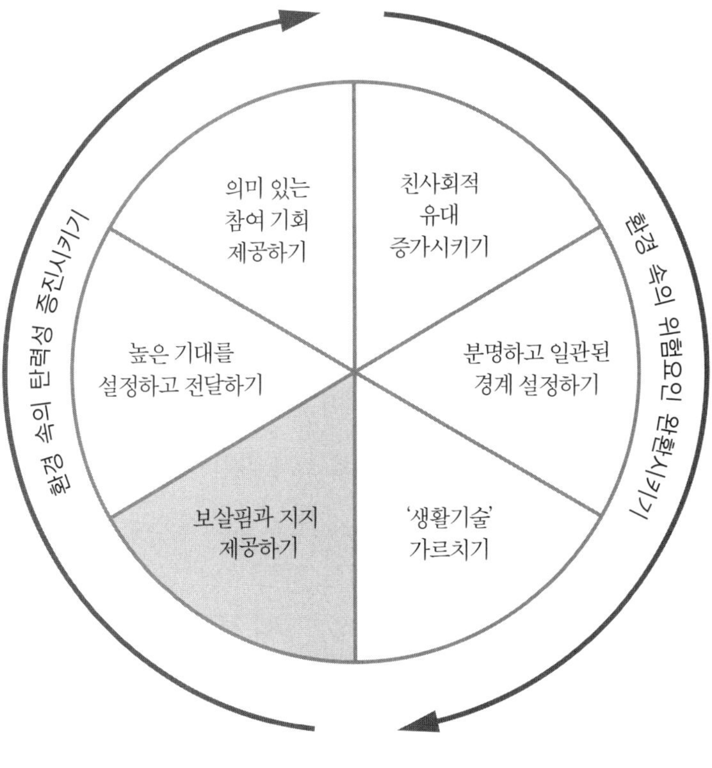

[그림 1-2] 탄력성 바퀴

와 카탈라노, 밀러(Hawkins, Catalano, & Miler, 1992)에 의해 철저히 탐구되었다. 이들은 위험에 관한 문헌은 아동과 청소년의 삶에서 위험의 충격을 완화하고, 결과적으로 탄력성으로 나아가게 하는 세 가지 주요 전략을 제시한다고 결론지었다(Hawkins & Catalano, 1990).

① **유대 증가시키기** 개인과 친사회적 인물이나 활동 사이의 연결을 증가시키는 일을 포함하며, 강한 긍정적 유대가 있는 아동은 유대가 없는 아동에 비해 위험행동에 가담할 가능성이 훨씬 적다는 증거에 기초한다. 마찬가지로 학교 변화에 관한 문헌은 개별 학생이 선호하는 학습 양식과 맞추어 줌으로써 학생들을 학교와 학문적 성취로 연결시키는 데 초점을 맞춘다.

② **분명하고 일관된 경계 설정하기** 학교정책과 절차의 일관된 발달과 집행을 포함하고 행동에 대한 기대를 분명하게 하는 것이 중요하다는 것을 말한다. 이러한 기대는 학생들을 위하여 위험행동을 제기하는 것을 포함하며, 분명하게 작성되고 전달되어야 하며, 일관성 있게 집행되는 적절한 결과와 연결되어야 한다.

③ **생활기술 가르치기** 협동, 건전한 갈등해소, 저항과 자기주장 기술, 의사소통 기술, 문제해결과 의사결정 기술 및 건전한 스트레스 관리 기술이 포함된다. 이러한 기술들을 적절하게 가르치고 강화한다면, 학생들이 청소년기의 위험, 특히 담배, 알코올과 그 밖의 약물을 성공적으로 통제하는 데 도움을 준다(Botvin & Botvin, 1992). 이러한 기술들은 학생들이 학습할 수 있는 환경을 만들고, 성인들이 학교 내에서 효과적으로 상호작용에 참여할 수 있게 도움을 준다는 점에서도 중요하다.

4~6단계: 탄력성 증진시키기

탄력성 연구에서 탄력성 양성에 중요한 부가적인 세 가지 단계가 산출되었다. 버나드(1991)는 이 결과들을 다음의 권장사항, 즉 회복되는 사람들의 생활 속에 전형적으로 나타나는 환경적 조건으로 통합했다.

④ 보살핌과 지지 제공하기　　이 단계는 무조건적인 긍정적 존중과 격려를 제공하는 것을 포함한다. 이것은 탄력성을 증진하는 모든 요소 중에서 가장 결정적이기 때문에 탄력성 바퀴에서 짙은 음영으로 나타냈다. 사실, 보살핌 없이 성공적으로 역경을 '극복하기'는 거의 불가능할 것이다. 이러한 보살핌은 생물학적 가족구성원으로부터 받아야만 하는 것은 아니다. 탄력성 양성의 다른 요소들처럼 교사, 이웃 주민 그리고 청소년 대상 복지사가 보살핌을 제공하기도 한다(Werner & Smith, 1992). 또래나 애완동물조차도 성인과 아동을 위한 탄력성 형성자가 될 수 있다(Higgins, 1994).

교육적 개혁은 학문적 성취를 위한 토대만큼이나 보살핌을 주는 환경이 결정적임을 인식하는 것이다. 노딩스(Noddings, 1988)는 "아동은 그들이 믿고 사랑하는 사람을 위해 더 열심히 학습하며 분수의 더하기처럼 색다른 과제라도 수행하게 될 것이 분명하다."(p. 32)라고 말한다.

⑤ 높은 기대를 설정하고 전달하기　　이 단계는 탄력성 문헌과 학문적 성공에 관한 연구에서 일관되게 나타난다. 효과적으로 동기를 유발하려면 기대가 높고 현실적이어야 한다는 사실이 중요하다. 그

러나 현실적으로, 학교에서 사용되는 무수한 낙인 중 하나 이상에 갇혀 있는 많은 아동은 비현실적으로 낮은 기대를 경험하고 자신에게 낮은 기대를 선택한다. 교직원들은 학교에서 일하는 성인에게도 능력과 잠재력이 종종 인정되지 않거나 가치 절하되는 것이 사실이라고 불평한다.

⑥ 의미 있는 참여 기회 제공하기 이 전략은 학생과 가족, 교직원에게 학교에서 진행되는 것, 즉 문제해결 기회, 의사결정, 계획, 목표설정과 원조 행위 등의 기회를 제공하는 것에 관한 많은 책임을 부여하는 것을 의미한다. 가르치는 일은 점점 '보살핌(hands-on)' 이 되고, 교과과정은 '관련성이 높고 현실적' 으로 되며, 의사결정은 더 많은 현장에서 이루어지고, 학교공동체의 모든 구성원이 적극적으로 참여하게 된다는 기대와 함께, 학교 변화에 관한 문헌 속에서 탄력성 형성자가 점차 등장하고 있다(Cooper & Henderson, 1995).

이 여섯 가지 접근을 조합하여 활용한다면, 긍정적인 자아개념과 학교에 대한 애착, 규칙에 대한 신뢰가 증가하고, 검사점수에 더 높은 기준이 적용될 뿐만 아니라 비행과 약물남용, 학생 징계 등은 눈에 띄게 감소하게 된다(Hawkins et al., 1992). 이러한 것들은 성인과 아동의 탄력성을 양성하는 결정적 요인으로 나타났다.

탄력성 바퀴 활용하기

탄력성 증진을 위한 필수조건은 동일하기 때문에 탄력성 바퀴

(Resiliency Wheel)는 가족이나 집단, 전체 조직의 탄력성을 증진하는 데 활용될 수도 있다. 탄력성 바퀴를 보는 또 다른 방식은 탄력성망(Resiliency Web)처럼 보는 것이다. 개인이나 집단 조직은 여섯 개의 부분에서 망의 요소가 얼마나 강한가를 측정할 수 있으며, 개별 분야에서 더 많은 요소와 더 많은 보호를 연결함으로써 모두에게 혜택을 줄 수 있다.

다음 장에서 우리는 학생의 탄력성을 양성하기 위해(제2장), 교육자의 탄력성을 양성하기 위해(제3장), 그리고 학교를 좀 더 효과적인 탄력성 증진 조직으로 변화시키기 위해(제4장) 탄력성 바퀴를 적용하는 방식을 제시할 것이다. 제5장부터 제8장은 특별한 전략과 활동, 그리고 어느 학교에서나 사용될 수 있는 사례를 강조하면서 좀 더 효과적인 탄력성 증진 조직으로 학교를 변화시켜 가는 과정에 초점을 두고 있다.

과정으로서 탄력성

탄력성에 관한 문헌에서 나온 가장 희망적인 결과 중의 하나는 탄력성 증진은 오랜 기간에 걸친 과정이라는 점이다. 어느 시점에서 누군가를 순간적으로 포착하는 것으로는 좀 더 탄력적으로 되어 가는 내재된 능력을 정확하게 전달할 수 없다. 예를 들면, 고위험 환경에서 살아온 많은 아동의 탄력성은 성인이 되기 전에는 완전하게 발달되지 않는다(Werner & Smith, 1992). 탄력적인 성인에 대한 히긴스(1994)의 연구에서 대부분 성인들의 인생 초기는 연구에 적합하지 않았을 것이라는 점을 강조했다.

그러나 이러한 현실은 '순간 복구' 방식을 요구하는 문화에서는 실망스러울 수 있다. 우리는 한 개인이 갖거나 갖지 못하는 또 하나의 특성으로 탄력성이 받아들여지기를 원하지 않는다. 다음 장에서는 학교가 학생과 교육자 모두의 탄력성 발달과정을 양성하기 위해 사용할 수 있는 전략으로서, 탄력성 연구나 효과적인 학교 관련 연구에서 지적하는 특별한 전략들을 제공한다.

맺음말

탄력성은 학생과 교육자의 성공에 결정적인 특성이다. 비록 그 자질이 자주 주목받지는 못하더라도 모든 사람은 약간의 탄력성 특성을 가지며, 더 많은 탄력성을 발달시킬 수 있다. 학교는 모든 학생과 오늘날 교육의 도전에 직면할 수 있는 능력 있고 동기를 부여하는 교직원의 학문적·사회적 성공을 개발하기 위한 종합적 모델으로서 탄력성 패러다임을 사용할 수 있다. 탄력성 개발은 탄력성 바퀴의 6단계 모델에 의해 촉진될 수 있다.

제2장에서는 학교가 학생을 위한 탄력성 개발 환경으로서 얼마나 중요한지를 좀 더 자세하게 기술하고자 한다. 그리고 학생의 탄력성 개발 방법을 소개하며 학교에서의 탄력성 증진의 실제 사례를 제시한다.

활동 과제

1. '탄력적이다' 라는 개념에 맞는 사람들을 탐색하라. 이들에게 탄력성을 촉진시킨 인물과 환경, 조직에 관해 질문하라. 이러한 사람들은 자신이 탄력적이 되는 데 도움을 준 개인적 자질은 무엇이라고 규정하는가? 이들의 탄력성은 시간이 지나면서 어떻게 증가해 왔는가?

2. 자신의 탄력성을 탐색하라. 언제 경험했는가? 이 과정에서 누구와 무엇이 도움이 되었는가? 역경을 통해 양성되었던 자신의 강점은 무엇이라고 보는가? 울린 부부의 일곱 가지 탄력성 중에서 자신에게 있는 것은 무엇이라고 생각하는가?

3. 이번 장에서 확인한 탄력성의 6단계로 보면 현재 누가 무엇을 당신에게 제공하는가? 당신은 삶에서 또 다른 탄력성 형성자를 발견해야만 하는가?

4. 탄력성 바퀴를 살펴보라. 학생을 위한 탄력성 증진을 위해 바퀴의 각 영역에서 할 일을 확인하라. 학교가 전체적으로 학생의 탄력성을 증진하는 방법을 탐색하라. 당신의 학교와 학군에서 교직원의 탄력성을 증진시키는 방법을 탐색하라. 학교에서 학생이나 교직원, 또는 모두를 위해 빠져 있거나 다소 부진하게 느껴지는 바퀴의 영역이 있는가?

제2장

학교가 학생 탄력성을 양성하는 방안

나는 아마도 학교 선생님들 …… 보살핌을 제공하는 성인 역할 모델 덕분에 생존했다.
〈생존자의 오만: 위험에 처한 청소년의 탄력성 증진〉
비디오에 나오는 '테리(Terry)'
(Wolin & Wolin, 1994)

조직으로서 학교와 일반적인 교육이 강력한 탄력성 형성자라는 증거는 풍부하다. 학교는 가족 다음으로 학생이 탄력성을 양성하는 조건을 경험하기에 가장 좋은 장소다. 학교가 탄력성 증진의 능력을 가지고 있다 할지라도 모든 학생에게 탄력성이 나타난다는 것을 확인하기 위해서는 해야 할 일이 많다. 제2장은 학교가 어떻게 학생이 가진 탄력성을 증진시키며, 좀 더 효과적인 탄력성 증진 기관이 되기 위해서 무엇을 해야 할 필요가 있는가에 초점을 맞추었다. 이 장에는 탄력성이 학교에서 증진되는 방식, 탄력성이 발생하는 데 필수적인 조건, 그리고 탄력성 증진 교실의 모습이 기술되어 있다.

관계성과 탄력성 증진

효과적인 학교에 관한 문헌(Fiske, 1992)에서 일관성 있게 나타나는 두 가지 주제인 보살핌과 개별화는 학생의 탄력성 증진에도 똑같이 적용될 수 있다. 다른 어떤 방법보다 우선적으로 학교는 개인적 관계를 보살피는 환경을 만들어 감으로써 학생에게 내재된 탄력성을 증진시킨다. 이러한 관계는 탄력성 증진 태도와 (학생이 맞이한 시련과 과거의 행동이 무엇이든 상관없이) 희망과 낙천주의를 전하려는 접근을 시도하는 교육자와 함께 시작된다. 이것은 "너는 할 수 있다고 믿는다. 너는 위험에 처해 있기보다는 가능성이 많다."라고 말해주는 태도다. 학교에서의 탄력성 증진 관계는 또한 학생의 강점에 초점을 두는 것이 특징이다. 사실 학교에 있는 성인은 학생의 문제를 드러내기 위해 사용하던 것과 같은 현미경을 가지고 학생의 강점을 찾아보고, 그들의 강점을 학생에게 반영할 필요가 있다. 이것은 부적절하거나 위험한 행동을 무시하는 것을 의미하는 것이 아니다. 이는 학생들이 적어도 문제점에 대해 피드백을 받은 것만큼, 제1장에서 탄력적인 사람의 모습에 묘사된 것을 포함하여 강점에 관한 피드백을 받을 수 있도록 단지 그림의 균형을 잡는 것을 의미한다. 탄력성 문헌은 학생의 강점이 '위험한' 행동으로부터 탄력성을 향해 나아가게 하는 것임을 명확하게 해 준다.

> 거대한 양의 연구들이 아동을 (부정적으로) 낙인찍고 추적하는 프로그램의 해로운 효과를 기록하여 왔다. …… 낙인 과정은 변화에 대

> 한 의욕을 상실하게 하는 것이 분명하다. 변화가 일어나려면, 사람은 자기효능감을 가져야만 하다. 그들이 강점과 긍정적인 변화를 만드는 능력이 있다는 것을 희망하고 믿어야만 한다(Benard, 1993: 28).

학생은 다른 사람과의 상호작용을 통해 이러한 믿음과 희망을 내면화하게 된다. 개별 학생을 위한 가장 결정적인 탄력성 증진 요인은 가족 내에서나 밖에서 단 한명이라도 '너는 소중하다' 고 말해 주는 어른과의 기본적인 신뢰관계다(Werner, Gelham 재인용, 1991).

탄력성은 제1장에서 소개된 여섯 가지 탄력성 증진 요소로 특징지어지는 학교환경을 마련함으로써 학생에게 양성될 수 있다. 교실, 학교현장 및 전 학군은 구조, 교수전략, 학교조직 내의 프로그램에 포함된 이 여섯 가지 요소의 결합을 추진할 수 있다. 요약하면, 탄력성은 낙천주의와 강점 관점을 전하는 일대일 상호작용에 의해서, 그리고 구조, 교수전략 및 학교의 프로그램 속에서 이 여섯 가지 탄력성 증진 요소들을 만나게 됨으로써 학생들에게 형성될 수 있다.

학생 탄력성 증진의 장벽

제1장에서 자세히 살펴본 것처럼, 수년 동안 교육자들은 학생의 장점을 탐색하고 증진하려는 노력은 거의 하지 않고, 문제, 약점, 위험과 결핍을 세밀하게 탐색하여 학생을 이러한 사정에 따라 낙인찍어 왔다.

위험연구의 목적은 위험을 완화하고, 이러한 위험에 직면하여 학생으로 하여금 긍정적인 결과를 증진시키는 개입을 할 수 있도록 학생의 취약성을 탐색하는 것이었다. 그러나 이것은 실제로 학생에게 탄력성으로 가는 통로라기보다는 자기충족적 예언이 되었다. 비록 표현하진 않을지라도 많은 위험이나 결핍을 보이는 학생에 대해 '이 아동은 불행한 운명을 가지고 있다.' 고 보는 것이 전형적인 태도다.

탄력성 연구는 이러한 태도에 도전하고, 학습되거나 환경적으로 제공될 수 있는 보호요인이 "특정 위험요인이나 스트레스가 많은 생애사건들보다 아동의 생활과정에 더 큰 영향을 미친다."(Werner & Smith, 1992: 202)라는 과학적인 증거를 보여 줌으로써 앞서 언급한 '탄력성 태도' 의 토대를 제공한다.

많은 교육자는 학생의 탄력성을 감지해 왔다고 보고한다. 그들은 단지 지금 탄력성을 탐색하기 위한 용어를 학습하는 중이다. 그러나 고위험 환경에서도 탄력성을 발달시키는 아동의 특성을 모른다면, 교육자들은 탄력성을 탐색하고 확인하며 학생들이 자신에게 내재된 탄력성을 탐색하도록 도움을 주기가 쉽지 않다. 탄력성에 기여하는 것을 정확하게 알지 못한다면 학생의 탄력성을 증진시키는 실용적이고 구조적인 변화를 홍보하기는 어려울 것이다.

탄력성을 이해한다 하더라도, 태도는 천천히 변화한다. 일반적으로 학교 변화의 많은 장벽은 탄력성을 양성하기 위한 학교로 변화하는 데 방해가 된다. 비록 탄력성 연구에서 나온 희망적인 결과는 가능한 다른 방식으로 시간을 사용함으로써 '정해진 시간(clock time)' (Higgins, 1994: 324)이라는 제한된 양으로도 탄력성이 양육될 수 있다고 하지만, 인지된 시간제약은 이러한 장벽의 하나다. 그러나 탄력성 증진은 관계를 형성하려는 것이기 때문에, 관계 형성을 위한 시간을 마련하지 않는 학교는 효과적인 탄력성 형성자가 될 수 없을 것이다.

특정 학교에서 무엇이 진정으로 학생을 위한 것인가를 탐색하기 위해 학생들을 따라다니던 교사들이 모은 증거는 학교 안에서 시간이 사용되는 방식을 바꿀 필요가 있음을 뒷받침한다. 이러한 경험에 대한 한 고등학교 교사의 반응은 전부는 아니지만 많은 학교에서 고등학생들이 경험하는 감정 유대가 부족하다는 지표가 된다. 교사들은 학생들을 좇아다니는 일로부터 돌아와서 다음과 같이 보고했다. "'아무도 나에게 말을 걸지 않았다.' 그리고 '아무도 나에게 질문하지 않았다.' 그들은 학교가 아주 인간적인 장소는 아니었다고 말했다. 당신은 결코 결정을 내리지 못한다. 당신은 결코 생각하지 않는다. 다른 것과 연결된 것은 아무것도 없었다."(Fiske, 1992: 88)

학생들의 삶에서 학교의 역할에 관한 논쟁, 즉 교육자는 '기본만 가르쳐야' 한다는 생각은 탄력성 증진의 또 다른 장벽이다. 이러한 장벽은 여전히 널리 퍼져 있는 교육의 공장 모델, 즉 학생은 산업사회에서 좋은 근로자로 사회화되는 것이 목적이라는 모델과 관련이 있다(Cooper & Henderson, 1995). 학생을 따라다니던 교사들이 앞서 묘사한 것처럼, 이러한 교육의 공장 모델 안에서 학생의 삶의 현실은 왜 공장 모델이 탄력성 증진을 위해서뿐만 아니라 학생과 교육자의 유대를 형성하는 데도 장벽이 되는가를 분명하게 설명해 준다.

학교의 단순 크기는 공장 모델에서 생기는 또 다른 장벽이다. 보살핌의 분위기를 조성하고 강한 관계의 망을 형성하며 학생교육이나 교직원 개발을 개별화하는 것은 규모가 큰 학교에서는 더욱 어렵다. 이러한 학교에서는 높은 행동적 · 학문적 · 전문적 기준을 설정하고 유지하는 것 역시 어렵다. 서로를 모르는 거대한 학교에서는 보편적인 청소년 문화 역시 '진지한 성인의 사고와 관심을 표현하며 …… (학생이) 성인이 되고 싶게 하는 가능성의 빛이 되는' (Meier, 1995a: 39) 성인문화 세력과 거의 연결되지 않는다. '예전의 산업사회 모델을 낳았던 미국 회사가 그것을 버리고' (Fiske, 1992: 27) 분권화, 근로자 집단의 재구조화, 융통성 있는 업무 기준 채택 및 기업의 목적달성에서 적극적 역할을 하는 데 필요한 새로운 기술을 근로자에게 제공하고 있다는 것은 교육자들에게 교훈이 된다.

특정한 탄력성을 양성하는 학습전략, 학교와 교실조직, 예방과 개입 프로그램의 부재 역시 탄력성 증진의 장벽이다. 탄력성의 양성은 프로그램에 의해서라기보다는 사람 대 사람의 상호작용에 따른 것이다. 그러나 프로그램은 그것을 개발한 사람의 태도를 반영한다. 그리고 프로그램의 내용과 구조는 탄력성을 양성하는 요소와 잘 어울릴 수도 있고 상반될 수도 있다.

탄력성 증진의 장벽이 많은 학교는 [그림 2-1]에서 제시한 학생들이 다닐 가능성이 높다. 이러한 장벽을 극복하기 위해 학교가 사용할 수 있는 특정 전략은 제5장과 제6장에서 자세히 탐색하고자 한다. 지난 수십 년간 각 지역에 분포된 교육자들과 함께 일한 우리의 경험들은 다음과 같은 것을 제시한다. 이러한 장벽을 극복하는 데 있어 가장 큰 희망은 탄력성 바퀴에 포함된 여섯 개의 탄력성 증진을 반영하는 태도를 지닌 교육자들에게 달려 있다는 것이다. 이러한 태도를 전달하는 교육자들의 수가 증가한다면, 탄력성 증진을 지원하는 적절한 프로그램과 전략들은 뒤따라오게 된다. 학생이 탄력적

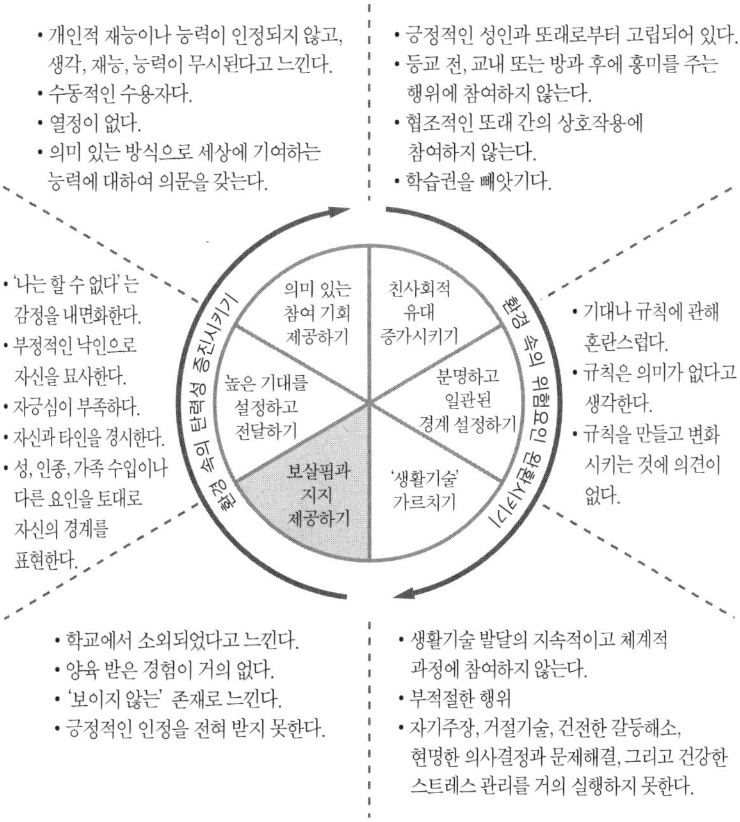

[그림 2-1] 탄력성 개선을 필요로 하는 학생의 모습

이 되도록 도와주려는 열정과 이것을 어떻게 만들어 가는가에 관한 탄력성 문헌에서 얻어진 지식이 결합되면 탄력성 형성의 장벽을 극복하는 동력이 된다.

탄력성 증진 교실

많은 교사는 앞에서 기술한 장벽을 극복함으로써, 또는 이러한 장벽이 그들의 학교에는 거의 존재하지 않았기 때문에 탄력성 증진 교실을 만들어 갈 수 있었다. 탄력성 증진 교실의 모습과 이러한 교실에 있는 교사의 탄력성 증진 행동은 다음에 기술되어 있다.

초등학교 교실의 모습

던컨(Duncan, 1995)이 제시한 다음의 탄력성 증진 교실의 모습은 약물 없는 학교와 지역사회(Drug-free Schools and Communities)를 위한 웨스턴지역센터 회보에 게재되어 있었다. '아동의 탄력성을 양성하는 보호요인들을 그녀의 가르침 속에 일상의 과정으로 통합하는' 캐시 슈발 교사의 초등학교 교실을 묘사한 것이다(p. 1).

> 아동 28명과 성인 4명이 공간을 나누어 사용한다. 방은 작은 소리도 나지 않는 고요함으로 가득 차 있다. 한 책상에서 슈발은 독서 집단과 함께 공부를 한다. 다른 책상에서는 보조교사가 언어 과제를 하는 아동들을 도와준다. 독서실에서 일부 아동들이 큰 책을 함께 보는 동안 다른 아동들은 청각실의 카펫 위에 앉아 있다. 세 명은 소파에 모여 앉아서 독서에 열중하고 있고, 두 명은 학부모 자원봉사자에게 큰 소리로 책을 읽어 준다. 두 명의 학생은 컴퓨터실에서 합동 작업을 하는데, 그들은 자신들이 선택한 문제들을 활기차게 토론하면서 그것을 해결하는 데 성공한 것처럼 웃고 있다. 또 다른 자원봉사자는 그날의 새로운 어휘

를 연습하려는 아동 집단에 둘러싸여서 한쪽 구석에 앉아 있다. ……

아동들 사이의 모든 중요한 감정적 유대는 이 교실에서 모욕을 주지 못하게 하고 건강한 사회적 행동을 북돋아 줄 수 있도록 아동들이 개발한 '권리와 책임(모든 사람은 안전하고 친절하게 대우 받고, 경청되며, 학습할 권리가 있다와 같은)' 에 따라서 양성된다. 학생들은 역할놀이 상황에서 문제해결 기술을 배우고 실천하며, 교사로부터 도움을 요청하기 전에 이러한 전략들을 사용할 것이다. 적절한 행위와 문제해결 기술은 교실에 있는 성인들이 모델이 되며 지속적으로 지지되고 강화된다. 결과적으로 교실에 있는 아동은 친절과 배려로 서로를 대우하고, 쉽게 서로를 돕는 자원봉사자가 된다. 감정 폭발이나 손가락질은 거의 발생하지 않는다. …… 아동들은 교실에서 '뛰어다니는 것' 에 대해서도 책임을 진다. 그들은 물건을 정돈하고 청소하고 청결 상태를 점검한다. "아이들이 나보다 더 철저해요." 라고 슈발은 말한다. ……

보살핌 역시 더 어린 아동과 함께하는 적극적인 참여로 양성된다. 아동은 매주 책을 읽어 주고 경험을 나누면서 '유치원생 짝꿍' 과 같이 시간을 보낸다. "나는 짝궁에게 책을 읽어 주는 게 정말 좋아요 그리고 그 아이 역시 정말 좋아해요." 라고 레이첼은 행복하게 말한다.

포상은 긍정적인 부분을 가속화한다. 학급은 사회활동을 위해 사용할 수 있는 시간을 얻게 된다. 처벌은 논리적 결과를 강조한다. 예를 들어, 아동이 종이를 던지면 그 아동은 교실을 청소하는 데 시간을 사용하게 할 수 있다.

작업 기대는 아동마다 다르다. 모든 아동은 최선을 다하도록 기대되고 격려받지만, 슈발은 필요한 부분만 도움을 준다. 일부 학생은 교사나 보조교사로부터 개별적인 도움을 받고, 일부는 또래의 개별 지도를 받으며, 일부는 학부모 봉사자와 시간을 보낸다. ……

학습에서 참여는 기본이다. …… 이 교실에서, 교사 중심의 '분필과

말' 로 진행되는 전체 학급 대상의 강의는 거의 보이지 않는다. 교사가 주도하는 거의 모든 강의는 개인의 능력과 욕구에 초점을 두어 소집단으로 이루어진다. 나머지 학습의 대부분은 협동 집단이나 짝과 함께 이루어진다. 때로는 아동이 독자적으로 학습하기도 한다. ……

교실에서는 포옹과 미소가 공유된다! 학교에 온 것을 환영하는 포옹, 일을 잘했다는 표시의 짧게 '꼭 안아주기' , 미소와 격려의 끄덕임 등은 성인과 아동 모두가 자신의 관심을 표현하는 방식이다.

교실 안에서 확실하게 이루어지고 있는 보편적인 보살핌은 교실 밖에서도 지속된다. 슈발은 그녀의 관심이 학부모에게 전달되도록 만들어진 광범위한 네트워크 체계를 가지고 있다. 그녀는 교실에서 학부모의 도움을 적극적으로 얻어 내고, 그들에게 의미 있는 임무를 주어 바쁘게 만든다. 그녀는 매주 교실활동에 관한 소식지를 가정으로 보내고 학부모에게 피드백을 요청한다. 해결해야만 하는 문제나 쟁점이 있으면 그녀는(그리고 종종 아동이 포함된다.) 학부모의 도움을 청하기 위해 전화를 건다. 그녀는 또한 성취나 개선을 알리기 위해 매주 적어도 한 명의 학부모에게 반드시 전화를 한다. ……

적절한 행동은 보통 개인적인 칭찬으로 조용히 강화된다. 부적절한 행동은 개별적인 회의와 '재시도' 기회들로 처리된다. 오히려 외부에서 강요된 규율보다는 다음과 같은 문제해결이 갈등해소의 핵심이다.

- 문제를 탐색하라.
- 행동의 부적절한 과정을 탐색하라.
- 다음 순간을 위한 대안을 기록하라.
- 적절한 역할놀이를 하라.

슈발은 다음과 같이 말한다. "시간 소모적이긴 하지만 연초에 시간을 보내는 것을 통해 학생이 적절한 방식으로 갈등을 해소하는 법을 배운다는 것을 알았다. 결국 나는 개입하는 시간을 줄이고, 학생은 정말 중요한 일부 기술을 발달시키게 된다."(Duncan, 1995: 1, 3)

고등학교 교실의 모습

여기서 소개하는 탄력성 증진 고등학교 교실의 모습은 『영리한 학교, 영리한 아이들(*Smart Schools, Smart Kids*)』(Fiske, 1992)에 발표되었다. 피스크(Fiske)는 이 교실이 효과적인 학교에 관한 문헌의 권장사항들을 구체화하고 있기 때문에 선택했다. 켄터키 주 루이스빌에 있는 페어대일 고등학교에서 2학년 미국사를 가르치는 짐 스트레이블 교사의 교실도 탄력성 증진 환경의 요소들을 구체화하고 있다.

이곳은 책상 줄이 없다. 대신에 학생들은 인공위성처럼 방주형의 4~5개의 책상이 놓인 집단에 앉아 있다. 학생들 중 한 집단은 1920~1930년대의 생활에 대한 단막극에 관하여 활기찬 토론을 하고 있다. 교실 다른 편에서 또 다른 학생 집단은 수마일 떨어진 곳에 묻힌 그리피스(D. W. Griffith)의 생애에 관한 비디오 기록의 마지막 작업을 하고 있다. …… 세 번째 집단이 보드지로 지은 거대한 후버빌 주택을 마무리하는 동안, 네 번째 학생 집단은 사물함 근처에서 그들이 학우들 앞에서 찰스턴(Charleston: 1920년대 미국의 찰스턴에서 시작된 사교춤-역자 주)을 출 때 입을 시대의상을 입어 보고 있다. …… 그들은 작업을 하면서 옛날과 오늘날의 노숙자 생활을 토론한다.

스트레이블은 눈에 띄지 않게 집단 사이를 오가며 관찰하고, 듣고, 질문에 답하고, 촉구하면서 모든 독자적인 활동들을 기억한다. …… "나는 스스로 학생들의 학문적 코치로 여긴다. …… 그들은 가르침과

배움을 행하는 사람들이다. 그들은 자신을 가르치고 서로를 가르친다."

스트레이블은 …… 진심으로 십대들을 좋아한다. 그는 그들이 사용하는 단어를 자세히 듣고 단어를 잘못 발음하면 교정해 준다. …… 학생들이 작업을 하는 동안에 그는 한 학생을 교실의 한쪽으로 데리고 가서 진지하게 개인적으로 이야기할 수도 있다. 스트레이블의 수업에서는 모욕감을 느낄 여지가 없다(Fiske, 1992: 62, 63, 73).

스트레이블은 수년 동안 주로 강의를 통해 수업하는 전통적인 교사였지만, 지금은 학생들이 학습에서 적극적인 역할을 해야만 한다고 생각한다. 대부분 학생이 자신의 학습에 대해 책임지는 경험을 해보지 않았기 때문에 이것은 쉬운 일이 아니다. 하지만 그는 학생들이 자신과 서로를 가르치는 이러한 교수 유형이 진정한 이해를 가져온다고 믿는다. 그는 현재 가르치는 학생들이 이전 수업에서보다 훨씬 잘 배울 수 있으며, 이는 그들이 흥미를 느끼는 것에 따라 동기부여가 되고 수업 프로젝트에 대한 통제를 할 수 있기 때문이라고 여긴다.

학생들은 스트레이블의 의견에 동의한다. 다음과 같은 학생들의 반응은 수업에서 진행되는 탄력성 증진을 분명하게 전달해 준다.

제니 아브너 …… 그녀는 초기에 품었던 의심들을 회상하며 말했다. "나는 처음에 혼란스러웠다. 이것이 진실로 가능할까? 만약 서로에게서 배울 수 없다면 어쩔 것인가? 그러나 만일 모든 사람이 함께 작업한다면 당신은 진짜로 배울 수 있다. …… 그것은 당신이 통제받는다는 느낌을 준다. 당신은 책의 기술과 사실뿐 아니라 사회적 기술도 배운다."

보니[포드]는 "맨 처음 내가 교실에서 발표하기 위해 자리에서 일어났을 때 거의 죽을 맛이었다. …… 나는 움직이는 것이 두려웠고, 너무 작게 말해서 다른 아이들은 내 말을 거의 들을 수 없었다."라는 사실을 인정했다. 그녀는 또한 스트레이블이 그의 방식을 설명했을 때 그녀가 품었던 의심들을 회고했다. …… "그러나 나는 진정으로 성장했다. 올해 나는 단지 일어났을 뿐이고 그것은 아무 일도 아니다. 스트레이블 선생님은 우리를 이끌어 주고, 격려해 주고, 응원해 준다. 그는 우리가 좀 더 배울 수 있는 교실환경을 조성하는데, 그것은 우리가 단지 외우는 것이 아니라 배운다는 것을 의미한다. 그것은 꿈과 같다. …… 이제 당신은 교실에서 일어날 수 있다. …… 당신은 말할 수 있다. …… 당신은 원하는 것에 대해 말할 수 있고, 그것이 당신의 기분을 좋게 해 준다. …… 이제 나는 실천한다. 나는 그것이 스트레이블 선생님의 수업 때문인지는 모르지만 그것이 상당히 기여했다고 생각한다. 예전의 나는 파티에 결코 가지 않았다. 지금은 내 자신의 졸업파티를 열고자 한다." (Fiske, 1992: 76)

성인의 동일한 보살핌과 격려의 태도, 높고 분명한 기대들의 표현, 생활기술을 배우는 기회, 교육(및 과외활동)에서 의미 있는 방식으로 참여하고 책임지는 것, 학생이 학교에 유대감을 갖게 하는 다양한 교수전략은 초등학교와 고등학교 교실에서 모두 탄력성을 증진하는 환경을 만든다.

학교에서 탄력성 바퀴의 6단계 적용하기

제1장에서 소개한 탄력성을 양성하는 6단계는 교육자의 태도와 학교의 구조로 표현될 수 있다. 앞서 제시한 탄력성 증진 교실의 모습과 교실에서 교사의 행위는 6단계를 행동으로 드러낸 것이다. 학

교가 6단계를 실천할 수 있는 방안들은 다음에 요약되어 있다.

① **유대 증가시키기** 유대감은 학교에서 여러 가지 방식으로 증가된다. 이러한 유대감은 적극적으로 학부모를 충원하고, 그들에게 뜻 깊은 역할을 부여하고 개입하게 만드는 다양한 방법을 제공하고, 정기적으로 학부모에게—모든 학부모— 자녀에 관한 좋은 소식을 전화로 전하는 것을 통해서 학교교육에서 가족 참여를 우선순위로 두는 것을 포함한다. 학부모자원센터를 설립하고, 학부모에게 학교 운영에 관한 동등한 자격을 주며, 학교교육의 강력한 가족 개입을 위해 학부모에게 보상을 하기도 한다.

학생은 등교 전, 수업 중, 방과 후 활동의 다양성을 필요로 한다. 몇몇 학생은 일부 활동들에 흥미를 느끼고 그들의 유대를 증가시키며, 다른 학생들은 또 다른 활동에 매력을 느낀다. 미술, 음악, 드라마, 다양한 종류의 스포츠, 지역사회 서비스의 참여 기회 및 모든 유형의 동아리를 접할 수 있다는 것이 결정적이다(학부모는 이러한 많은 것을 제공하게 도움을 줄 수 있다.).

앞서 보여 준 교실의 모습처럼, 복합적인 지능과 학습 방식에 역점을 두는 교수전략은 학생으로 하여금 학교에서 배우고 머무는 일에 대한 감정적 유대를 증가시킨다.

다음의 각 단계들을 포함하는 환경은 유대감을 증가시키기 쉬운 것이기도 하다.

② **분명하고 일관된 경계 설정하기** 다른 여러 가지 탄력성 증진 단계들과 병행할 때 가장 잘 작동하는 단계다. 예를 들면, 행동에 관한 정책과 정책집행(처벌 포함)의 절차를 포함하는 경계를 설정하는

데 학생의 참여는 중요하다. 처벌보다는 보살핌의 태도가 이러한 경계의 기초가 되어야만 한다. 제1장에서 언급한 것처럼, 예방 조사는 유치원에서 고등학교까지의 학교정책과 이러한 정책 내에서 알코올과 그 밖의 약물 사용, 폭력과 갱 관련 행동들과 같은 특정한 위험 행동들에 역점을 두는 것이 중요하다는 것을 보여 준다. 그것들은 발달과정에 따라 적절한 방식으로 표현될 수 있다.

교직원과 학부모, 학생 모두가 정책을 알고 이해하는 것도 중요하다. 일부 학교는 학생들에게 정책을 반영하는 포스터를 그리게 하여 그 포스터를 벽에 붙인다. 어떤 학교는 집으로 우송하여 학생과 가족 중 한 명이 서명한 '학생의 권리(존중받고, 안전하며, 약물을 하지 않고, 행복하고, 보살핌으로 대우받는 등)' 라는 용어로 표현된 정책을 문서화하는 방식으로 긍정적인 강점 형성 접근을 선택해 왔다. 이러한 접근들의 일부 사례는 제7장에서 소개할 것이다.

③ 생활기술 가르치기 생활기술은 수많은 방식으로 달성될 수 있다. 집단을 구성하여 함께 학습하고 자신의 의견을 표현하고, 목표설정과 의사결정을 위한 기술을 자연적으로 연결하는 협동적인 학습 방식은 별도의 시간을 들이지 않고 생활기술을 가르치는 한 방법이다. 생활기술은 학생이 부적절한 행동으로 상담가에게 의뢰되면 행동의 정규 과정으로 가르칠 수 있다. 이는 자기효능감을 형성하는 자연적인 결과다. 학생은 앞으로 발생할 문제를 피할 수 있도록 도움을 주는 기술을 탐색하며 그러한 기술을 배운다. 연구들은 또래가 예방과 개입전략의 최선의 전령사라는 것을 보여 준다. 따라서 학생이 다른 학생에게 생활기술을 가르치도록 도와줄 수 있는 모든 방식을 탐색하는 것이 유용하다. 건강 교과과정은 공식적인 생활

기술 훈련을 연결하는 적절한 자리다. 최고의 생활기술 훈련은 학생에게 적절한 횟수(첫해에 약 15회기)와 추수회기(약 8회기)를 그 다음 해에도 제공하는 것이다(Botvin & Botvin, 1992).

④ 보살핌과 지지 제공하기 앞서 언급한 것처럼, 이 단계는 모든 탄력성 증진의 결정적인 토대다. 이것은 탄력성 증진 태도 중에서 가장 중요한 요소지만 행동으로 표현되어야만 한다. 이것은 모든 학생들을 인식하고, 그들의 이름을 알고, 쉽게 참여하지 않을 사람을 선별하고, 학생이 어려운 주위 환경에 처해 있을 때 개입하는 것을 포함한다. 그것은 초등학교 교실의 모습에서 언급된 '유치원생 짝꿍' 프로그램처럼 교실에서 관계 형성을 위한 시간을 허용하는 것으로 드러난다. 그것은 문제를 가지고 있지만 적극적으로 강점을 탐색하는 학생을 위해 어떤 사정이나 개입 계획도 학생의 강점 위에 이루어지는 효과적인 개입 모델을 설정하는 것으로 표현되기도 한다.

점수를 1점 올려 주는 것이나 '친절의 우연한 행동' 순간을 포착하여 그 자리에서 또는 특별한 모임에서 상을 주는 것처럼 모든 학생에게 성공할 기회를 제공하는 포상(incentive) 프로그램은 보살핌과 지지의 실용적인 형태다. 일부 학교가 이것을 어떻게 수행했는가를 보여 주는 사례는 제7장에서 제시할 것이다.

교직원은 학생이 자신의 개별 탄력성을 찾도록 도와주기 위해 특별한 결정을 내릴 수 있다. 그들은 탄력성을 위해 경청하고 "네가 집에서 일어나는 일을 이해하는 것은 진정한 강점이다.", "네가 처한 상황에서 웃음을 발견하는 능력은 무슨 일이 일어났을 때 대응하는 놀라울 만큼 긍정적인 방식이다.", "나는 네가 스스로를 돌보고 문제에 대처하는 방식으로서, 그 상황으로부터 벗어나기 위해 하는 시도들이 정말 인상적이었다."라고 말해 줄 수 있다.

⑤ 높은 기대를 설정하고 전달하기 버나드(Benard, 1993)는 이 단계를 집행할 수 있는 여러 가지 방식을 자세히 설명한다. 첫째, 교직원의 메시지는 '네가 할 수 있는 것을 생각해라. 열심히 공부해라. 영리해져라.' 그리고 '네가 해야 하는 이 숙제는 중요하다. 나는 네가 할 수 있다는 것을 안다. 그리고 나는 너를 포기하지 않을 것이다.' (p. 18)와 같은 말로 구성되어야만 한다. 높은 기대감이 구체화된 교실은 모든 학생이 더 높은 수준의, 더 의미 있고, 더 참여적인 교과과정을 이수하는 것으로 알 수 있다. 이질적이고 흥미를 토대로 한 융통성 있는 학생 집단 만들기(학생의 기록이나 낙인과 상관없이), 다양한 지능과 다양한 접근의 견해를 반영하는 평가 체계 및 다양한 학습유형, 그리고 지역사회 서비스 기회를 포함하여 모든 학생이 참여하는 차별화된 수많은 활동이 포함된다.

높은 기대를 전달하는 교수전략들은 경쟁적이기보다는 협동적이며, 흥미에 기초하여 내재된 동기부여에 초점을 둔다. 학습에서 적극적인 학생 참여와 의사결정을 통해서 교직원은 학습을 위한 책임을 학생들에게 부여한다. 교사 역시 각 학생을 위한 개별적인 돌봄에 기초한 교사-학생 관계를 만들고, 개별화된 교수법을 택하며, 다양성을 인정함으로써 높은 기대를 표현한다.

⑥ 의미 있는 참여 기회 제공하기 학생을 수동적인 대상이나 문제로 보기보다는 자원으로 보는 태도를 유지하는 것이 이번 단계를 위한 가장 중요한 토대다. '절대로 학생이 할 수 있는 것을 학교에서 하지 말라.' 는 것이 구호가 되어야만 하며, 학생에게 더 많이 참여하는 기회를 주기 위하여 학교의 각 측면을 분석해야만 한다. 이는 (학

교를 개선하기 위한 초등학생들의 훌륭한 평가와 그들이 제시한 제안들에 교직원들을 놀라게 했던) 초등학교 수준에서조차도 학생에게 운영위원회의 자리를 내주는 것을 포함한다. 서비스 학습, 앞서 언급한 학생들이 이용할 수 있는 가능한 한 많은 등교 전 · 수업 중 · 방과 후의 활동들, 그리고 참여적인 학습전략들을 활용하는 것을 포함하는 또래 대 또래 프로그램들은 의미 있는 참여 기회를 학생에게 제공하는 전반적인 방식이다.

일부 학교는 학교-지역사회 잡지, 환경 조직 그리고 학교조정 프로그램과 같은 전체 프로젝트가 학생에게까지 다가갈 수 있도록 전환했다. 어떤 학교는 모든 학생을 위해 전통적, 비전통적 지도자를 포함하는 리더십 훈련기관을 설치했다. 효과적인 학습으로 이러한 탄력성 단계를 통합하는 최고의 사례 중 하나는 살사(칠레 소스의 일종-역자 주)를 만들어 파는 것에 관하여 전체 5학년 교과과정을 조직화했던 학교다. 여기서는 재료를 모으고, 구입하고, 요리하고, 병에 넣고, 판매하고, 배급하고, 어떻게 그 이윤을 쓸 것인가를 결정하는 것이 모두 통합되었다.

많은 학부모와 지역사회의 업체 및 다른 기관 협력자를 찾아내는 것은 각 교실이나 학교 전체에서 탄력성을 증진하는 여섯 가지 단계를 효과적으로 집행하는 데 중요하다. 우리는 협력자로부터 헌신을 얻는 데 있어 탄력성 증진이라는 권한을 부여하는 희망적인 메시지가 과거의 접근들보다 더 성공적이라는 것을 알게 되었다.

이러한 여섯 가지 탄력성 증진 요소가 학교에서 자리 잡고 모든 학생에게 긍정적인 영향을 주게 된다면, 학생들은 [그림 2-2]에 제

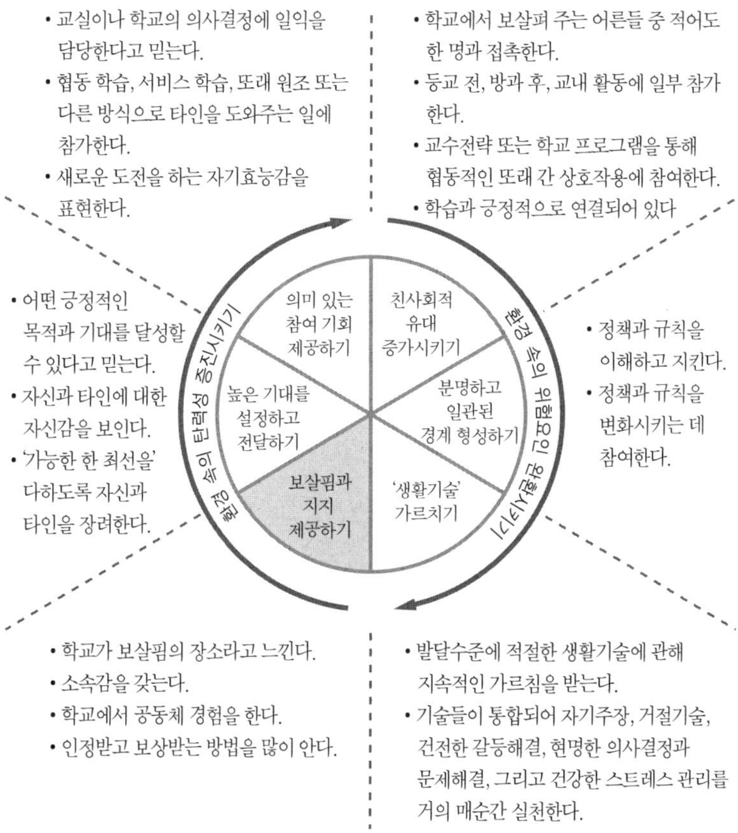

[그림 2-2] 탄력성 특징을 가진 학생의 모습

시된 모습들을 좀 더 쉽게 보여 줄 것이다.

탄력성 증진과 학업성취 연결하기

메이어(Meier, 1995b)는 뉴욕의 할렘 동쪽에 위치한 센트럴파크 이스트 학교의 놀라운 성공을 설명하면서 "대학에서조차 평점이나 등수, 수능점수보다 더 나은 성공의 예측요인으로 '희망에 참' 이라 불리는 자질이 있다."(p. 177)라는 「뉴욕타임스」에 게재된 연구를 인용했다. 평균 졸업률이 50%인 학군에 위치한 이 고등학교에서 90%의 학생이 졸업하고 그들 중의 90%는 대학에 간다. 학생의 호기심을 자극하고, 학습에서 감동을 가져오고, 학교와 교실 구조에서 민주주의 가치를 양성하고, 수많은 존경과 보살핌의 관계를 형성하고 성찰하는 것—간단히 말해, 최고의 초기 아동교육과 같은 정신과 아이디어가 고등교육 속에 스며들게 하는 것—은 센트럴파크 이스트 학교의 토대가 되었다(Meier, 1995b). 기준을 뛰어넘는 학생의 학문적 성공과 함께 '좋은 고등학교' 의 또 다른 모습들은 동일한 탄력성이 연계된 특성들이 작동한다는 것을 제시한다(Fiske, 1992; Lightfoot, 1983; Noddings, 1992).

[그림 2-3]은 교육에서 좀 더 실용적이고 구조적인 변화 경향과 여섯 가지 탄력성 증진 요인 간의 관련성을 보여 준다. 특히, 너무 많은 요구 때문에 이미 지쳐 버린 교직원에게 학생의 탄력성 증진은 일을 '하나 더' 하는 것이 아니라는 사실을 인식하게 하는 것이 중요하다. 오히려 이는 무엇이 탁월한 교육을 구성하는가와 같은 효과적인 학교 연구로부터 나온 권장사항과 동일한 것이다. 지난 십 년간 규정되어 온 이러한 개념처럼 학생을 위한 탄력성 증진이 탁월한 교육의 토대이며, 탁월한 교육이 탄력성을 증진시키게 될 것임을 교직원이 이해하는 것은 위안이 된다. 이러한 깨달음은 교직원이 학교의 개선과 변화를 위하여 보충하려는 노력을 증가시키기도 한다.

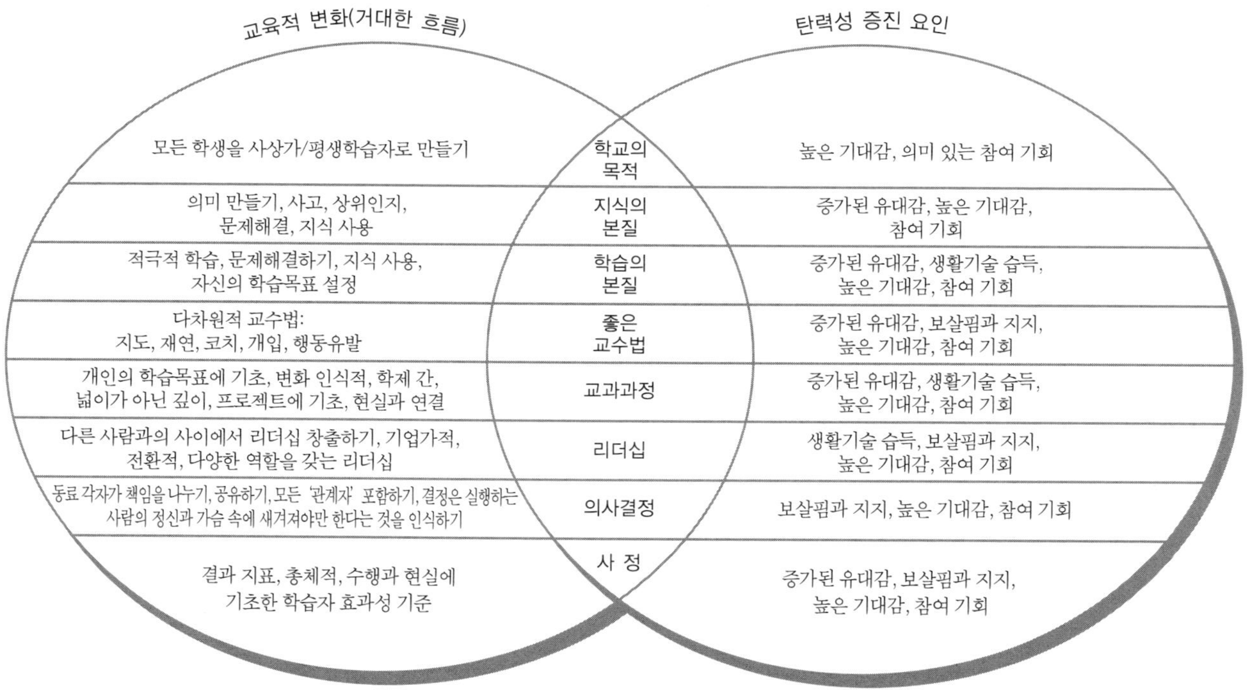

[그림 2-3] 효과적인 교육과 탄력성 간의 관련성

맺음말

학교는 학생의 학문적이고 개인적인 탄력성을 기르는 힘을 가지고 있다. 비록 많은 학교에 학생들의 탄력성을 증진시키는 데 장벽이 존재한다 할지라도 각 교실에서 개별 교사는 학문적 성공과 강력하게 연관된 환경인 탄력성 증진의 쉼터를 제공할 수 있다. 개별 교육자 역시 더 큰 학교조직 내에 존재할 수도 있는 탄력성 증진의 장벽을 극복하기 위해 노력할 수 있다. 그러나 이러한 일을 하기 위해서는 교육자 자신이 탄력적이어야만 한다. "무능한 교사가 가능성과 전환이라는 학문적 상황을 마련하기는 쉽지 않다."(Fine, 1991: 140) 다음의 제3장은 교육자의 탄력성을 양성하는 일에 초점을 두었다.

활동 과제

1. 마음속으로 자신의 교실, 사무실, 학교 건물의 물리적 환경을 조사하라. 그 다음 당신이 생각할 수 있는 탄력성 바퀴에 묘사된 여섯 가지 탄력성 증진 요소에 관한 모든 물리적 지표의 목록을 작성하라. 학생에게 내재된 탄력성을 양성하는 데 장애가 될 수 있는 물리적 환경의 내용은 무엇이든지 탐색하라. 탄력성 바퀴의 6단계를 모두 전하기 위한 물리적 환경으로 변화시키는 방법을 적어 보라.

2. [그림 2-1]과 [그림 2-2]를 살펴보라. 어느 쪽이 당신 학교에 있는 학생의 모습을 좀 더 정확하게 묘사하는가? 잘하고 있는 것을 칭찬하라. 당신이 변화에서 가장 중요하다고 생각하는 것을 탐색하라. 동료와 함께 당신이 그것을 어떻게 해냈는지를 브레인스토밍하라.

3. [그림 2-3]을 검토하라. 학생의 탄력성 증진을 가능하게 하는 학교 개선이라는 이름으로 당신이 이미 하고 있는 것은 무엇인가?

4. 각 학생의 탄력성 망을 강화하기 위해 필요할 때마다 당신이 이미 표현했거나 표현하게 될지 모르는 행동 열 가지를 적어 보라. 가능할 때마다 '탄력성을 증진하는 사소한 행동들' 을 수행하게 하라.

제3장

탄력적인 학생은 탄력적인 교육자가 필요하다

만약 상황을 변화시키고 싶다면, 먼저 자신을 바꾸어야만 한다.

Stephen Covey(1989: 18)

탄력성을 증진시키려는 교육자의 욕구와 방안들이 이 장의 초점이다. 여기서는 교육자의 탄력성 부족에 기여하는 요인들, 탄력적인 교육자의 두 가지 모습, 탄력성 바퀴가 교육자의 탄력성 수준을 고양시키는 데 어떻게 사용될 수 있는가를 탐색할 것이다.

역할 모델로서의 교육자

교육자가 탄력적이지 않은데 학생이 탄력적이기를 기대하는 것은 현실성이 없다. 그것은 이처럼 단순하다. 만일 교육자 자신이 고위험 상황에 놓여 있으면서 아무런 대응을 못 한다면 어떻게 학생에게서 탄력성을 증진시키는 활력과 강점을 발견할 수 있는가? 더 중요한 것은 만일 학생의 중요한 역할 모델인 교육자가 이러한 자질을 보여 주지 못한다면, 학생이 탄력적인 행위와 태도를 향하여 움직일 때 어떻게 필수적인 도전을 받아들일 수 있는가? 만일 교육자가 회복될 수 없다면, 어떻게 학생이 그렇게 되기를 기대할 수 있는가?

학생의 가정과 지역사회의 배경은 학교에서 얻게 되는 성공의 강력한 기여요인이다. 만일 그들이 강력하고 지원적인 가정과 공동체 출신이라면, 학교에서의 탄력성 증진은 문제가 되지 않았을지도 모른다. 만일 그들이 지원이나 유대감 또는 긍정적인 역할 모델을 거의 제공하지 않는 부정적이고 자원을 고갈시키는 가정과 지역사회의 출신이라면, 예외적인 청소년들은 성공하기 위해 부족한 점을 스스로 극복할 수도 있지만, 대부분은 학문과 인생의 성공을 얻어 내기 위해 지지적이고 기술적인 교육자 집단을 필요로 하게 될 것이다. 사실 많은 학생은 아마도 위험으로부터 탄력성으로 이동하는 것이 유일한 희망일 것이다.

교육자의 탄력성을 방해하는 요인

제1장과 제2장에서 언급한 것처럼, 교육자는 학생의 탄력성을 양성하는 매우 중요한 집단 중의 하나다. 이처럼 교육자는 자신에게 있는 탄력성을 드러내야만 하지만, 그들이 일하는 조건은 이것을 어

렵게 할 수 있다. 교육자에게 거는 기대를 충족시키기 위해 필요한 자원들은 제대로 공급되지 않는다. 이러한 현실을 이해하고, 교육자가 직면한 특별한 도전을 강조하며, 전문가 집단의 탄력성을 증가시키기 위해 지속적으로 노력하는 것은 매우 중요하다. 외부 환경적 요인과 학교현장의 내부적 요인 모두가 교육자의 탄력성에 영향을 미친다.

환경적 요인

안녕과 효과성에 대한 교육자들의 인식은 세 가지 환경적 요인에 의해 도전받는다. 첫째, 학교가 무엇을 해야 하는가와 어떻게 해야 하는가에 관한 기대가 변화하고 있다. 글로벌 경제로의 이동과 빠르게 증가하는 기술력의 사용은 학교가 좀 더 창의적이고 혁신적이며 빠르게 반응하기를 바라는 욕구를 증가시킨다. 그러나 대부분의 경우에 이러한 기대는 욕구를 충족시키는 강의나 교과과정 변화에 필요한 제안과 교육을 동반하지 못했다. 또한 이러한 기대는 대개 자원 증가 면에서도 충족되지 못했다.

둘째, 학생 집단의 구성이 변화되고 있다. 공립학교 체계는 원래 초등교육 수준에서 국가의 청소년을 교육하기 위해 만들어졌다. 이후, 의무교육은 고등교육까지 확장되었다. 오랫동안 고등교육은 동기가 부여되고 가정과 지역사회에서 권장하는 학생들에게만 기회를 제공하도록 범위가 제한되었다. 학교가 모든 학생에게 고등교육을 제공하려고 노력하게 된 것은 근래에 들어서다.

오늘날의 '모든 학생'은 과거의 '모든 학생'과는 아주 다른 의미를 지닌다. 오늘날의 학생은 극단적으로 다양한 사회경제적 배경과 국적을 지녔다. 오늘날 대부분의 학교에서 학생회의 구성은 근본적으로 다르고, 이것은 과거 어느 때보다 교육자에게 더 도전이 되고 있다. 불행하게도 교육자의 초기 직업을 위한 준비와 지속적인 업무 개발은 대체로 그들에게 이러한 도전에 대응하는 자신감 있고 숙련된 자리를 마련해 주지 않는다.

셋째, 과거 대부분의 지역사회는 학교를 매우 지지했지만, 현재는 지역사회에 뿌리박힌 학교를 향한 부정적인 비판의식이 매우 증가하여 정점에 달하고 있다. 특히, 이러한 비판의식은 1980년대 초 이후에 『위기에 처한 국가(*Nation at Risk*)』(National Commission on Excellence in Education, 1983)와 유사한 부정적 논평들(Boyer, 1983; Goodlad, 1983)의 출판으로 더욱 높아졌다. 주(state) 입법자들과 정치가들도 공립학교 체계에 비판적 화살을 겨냥한다. 직업 차이에 관해 평가하는 여론조사는 교육자를 낮은 위치에 놓았다. 게다가 대부분의 교육자들은 자신을 일반인보다도 더 낮은 위치에 있다고 평가하기도 한다.

내부적 요인

빠르게 변화하는 일련의 환경적 요인과 더불어, 학교와 관련된 내부 요인들은 교육자의 탄력성에 영향을 준다. 첫째, 집단적으로 보면 교육자 인력의 연령은 과거보다 두드러지게 높아졌다. 다른 직업 선택의 가능성이 있던 1960년대에 많은 신임 교육자는 교육계에서 몇 년을 보낸 후 이곳을 떠나기로 결정했다. 또 다른 사람들은 가정

형편에 따라 교육계에 몸담거나 떠날 것을 결정했다. 그러나 오늘날 대부분의 교직원은 장기근무라는 특성을 보이고 있다.

둘째, 숙련된 많은 교육자는 확장된 역할 변화를 선택하지 않았다. 그들은 동일한 역할을 하며 심지어는 자기 인생의 전체 직업 생활을 하는 동안 같은 학교에 머문다. 한 가지 직업에서의 장기근무 및 정해진 하나의 역할과 장기근무의 결합은 탄력성을 손상시킬 수 있는 정체감을 갖게 할 수 있다(Barkwick, 1986; Milstein, 1990). 만약 상황을 변화시키기 위해 전략을 탐색하고 추구한다면, 일이 판에 박히고 지루하거나 지나치게 예측 가능하다는 정체감의 감지는 탄력성 증가를 향한 발판이 될 수 있다. 그러나 만약 누구나 오랫동안 정체된 상태로 남아 있고 이러한 상태를 극복할 수 없다면, 이는 탄력성의 또 다른 장벽이 될 수 있다. 일반인과 교육자의 정체감에 관한 조사는 대부분의 사람들은 자신의 일을 3~5년 내에 배운다는 것을 구체적으로 보여 준다. 만약 더 오랫동안 같은 위치에 남게 된다면 그들은 동기 부족과 열정 감소, 그리고 침체의 증가를 가져올 수 있는 도전의식의 상실을 경험한다.

셋째, 체계 내의 구조적 제약 역시 탄력성을 증진시키는 개인적이고 조직적인 노력을 제한한다. 이것은 개인적 노력보다는 학위나 근무 기간과 연계된 보상체계와 실망감과 무력감을 주는 정책이나 규칙들(예, 복잡한 구매 주문 요청 절차, 학교 전화의 개인 사용 제한 및 부적절하거나 불분명한 규율 절차)을 포함한다. 이것은 종종 사전 대책을 마련하기보다는 사후 반응하며, 변화와 성장을 지향하기보다는 현상 유지를 지향하는 조직문화에 의해 만들어진다(Willower, 1965).

넷째, 앞서 살펴본 환경적 변화는 학교를 개혁하는 데 중요한 추진력이 되었다. 현재 '재구조화' 라 불리는 이 추진력은 통제를 중앙 사무실에서 학교 건물로 이동시키려는 노력으로 나타났다(Milstein, 1993). 학교현장 책임경영(site-based management)을 향한 운동은 행정가와 교사가 상호적으로 학생과 가족, 그리고 그들이 대표하는 지역사회와 권력을 분배하기 위한 방안과 기술을 찾아내도록 도전해 왔다. 이러한 새로운 역할은 관리, 권력, 의사결정, 사정 및 협조에 초점을 두며, 이것들은 포함된 모든 사람의 편에서 행동과 태도의 변화뿐만 아니라 기술개발을 필요로 한다. 결국 이것이 교육자와 학생들의 탄력성 증진을 지지하는 능력을 배양하는 데 도움이 될 것이다. 그러나 지금 이것은 나이가 많은 교육자 집단에게는 중요한 도전으로 받아들여지고 있다. 일부는 도전에 대항하지만, 또 다른 사람들은 궁지에 몰린 상태에서 생존하기 위해 머물거나 이 상황을 떠나기 위한 대안을 찾고 있다.

교육자 탄력성 개선하기

이러한 상황이라면, 많은 교육자는 [그림 3-1]에 제시된 탄력성 개발이 더욱 필요하다는 것은 이해할 수 있을 것이다.

탄력적인 교육자는 어떤 모습인가? 그들은 개인마다 다르므로 독특한 모습을 보일 것이다. 그러나 탄력성의 기본요소는 그들의 독특한 성격 속에 통합될 것이다. 우리가 알고 있는 탄력적인 교육자의 합성체인 두 명의 교육자로, 교사 한 명과 행정가 한 명을 다음에서 제시하고 있다.

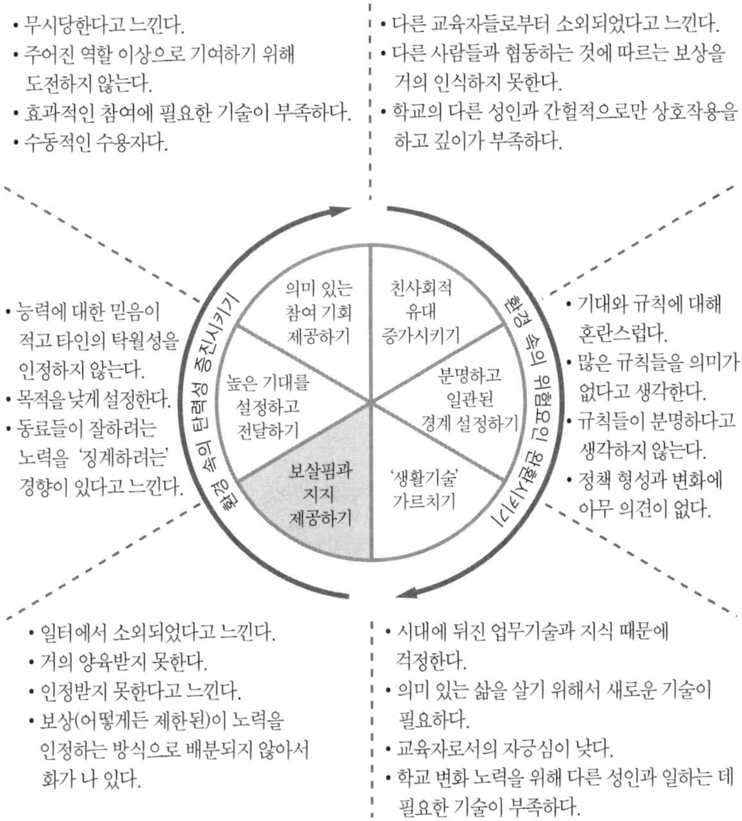

[그림 3-1] 탄력성 개선을 필요로 하는 교육자의 모습

탄력적인 교사

샘 해리슨은 14년간 3학년을 가르쳐 왔다. 오랜 시간 동안 그는 성장하는 방법을 발견해 왔고, 열정을 유지했으며, 교사라는 존재에 도전해 왔다. 신임 교사 시절에 그는 좋은 교사가 되려면 '할 것과 하지 말아야 할 것'을 이해하게 도와주었던 교장으로부터 많은 지지

를 받았다. 그는 경력이 많은 교사들로부터 인정받았고 학교에 비교적 새로 들어왔던 교사들과도 특별히 밀접한 유대를 형성했다. 양 집단은 모두 그가 자신만의 독특한 학급의 인물이 되도록 격려해 주었다. 역할을 습득해 가면서 그는 동료와 선임자들의 존경과 칭찬을 받았다. 교사로서의 처음 8년간, 그는 학교의 교과과정위원회의 위원이 되었고 학부모-교사연합회의 교사 대표로 봉사하는 것을 포함하여, 학교 전체의 의사결정에 참여하는 데 자원했다. 그는 또한 초등교육 분야의 석사학위를 취득하였고, 전문성 개발 기회를 추구했다.

지난 6년 동안 그는 학교에서 직무의 우선순위를 조정해 왔다. 그는 학교 전체에 널려진 자신의 많은 역할 때문에 그가 원래 열정을 가졌던 아이들을 가르치는 역할이 너무나 피상적이고 멀어지고 있다는 것에 대하여 불만을 갖기 시작했다. 그는 냉소적이고 부정적이 되기보다는 오히려 학교 전체에 대한 참여를 줄이고 담임을 맡은 교실에서의 책임성에 좀 더 강하게 초점을 맞춤으로써 노력을 재조정하기로 했다. 다행히도 교장은 그의 바람을 이해하고 지원했으며, 그가 목적을 추구하도록 격려해 주었다. 곧바로 샘은 강의 방식을 실험해 보고, 3학년 교실에서 새로운 또는 수정된 부분을 소개하며, 흥미를 보여 준 교사들과 서로의 경험을 나누기 위해 더 많은 시간을 사용했다. 그는 요구나 도전이 있으면 다른 학년을 가르치는 봉사를 자원해서 주도하기도 했다. 최근에 그는 학생의 생활 전반(예, 가정방문을 더 많이 하고, 교실과 학교를 떠난 학생을 찾아 다니는 일)까지 관심을 확장시키고 있다. 샘에게 그의 학급안건을 설계할 수 있도록 자유를 주었던 교장의 격려와 더불어, 그는 신임 교사의 멘터가

되었고, 전문성 개발 회기 동안 교수법을 시연하는 데 자원했다. 동료들이 매우 좋아하고 학교에서 가장 뛰어난 교사로서 샘이 여러 번 인식되어 왔다는 것은 놀라운 일이 아니다.

탄력적인 행정가

마리아 산체스는 26년간 교육자로 일했다. 그녀는 처음 6년간 두 곳의 중학교에서 교사로 일했다. 그 시기가 끝나가는 무렵, 그녀는 지루함과 판에 박힌 듯한 느낌을 받기 시작하여 교육계를 떠나려는 생각을 하기 시작했다. 하지만 오히려 가르치는 일을 한 번 더 해 보기로 했다. 새로운 기술을 익히고 자신에게 도전하려는 시도로, 그녀는 고등학교에서 가르치기 위해 학교를 옮기고, 그곳에서 단 3년 만에 부서장이 되었다. 부서장으로서의 초기 경험은 그녀의 호기심을 자극하였고, 더 높은 수준의 리더십에 참여하는 기회를 찾도록 했다. 그녀는 세 명의 자녀를 돌보아야 하는 한 부모이기도 하지만, 일하면서 천천히 교육행정 석사학위를 받음으로써 리더십을 확대해 가는 도전을 준비할 수 있었다. 곧이어 그녀는 초기에 가르쳤던 중학교에서 교장직을 맡게 되었다. 그곳의 대다수 동료들은 교사로서의 그녀를 기억하고 지도자 역할을 맡게된 그녀를 세심히 관찰했다. 결국 그녀는 그들을 이겨낼 수 있었다. 실제로 교사들은 그녀가 모든 학생이 성공하기를 바라고, 교사는 도전에 직면해야 한다는 것을 분명하게 말했다고 전했다. 그들은 그녀가 자신의 전문적 행동을 통해 이러한 기대의 모범을 보여 주었다고 믿었다. 무엇보다 중요한 점은 그들이 유능한 전문가로서 존중받고 있으며 관심과 지지를 보여 주는 대접을 받고 있다고 보고한 것이다.

샘과 마리아는 아주 다르게 보이지만 실제로 그들은 자신의 방식으로 탄력성의 기본이 되는 동일한 요인들—유대감에 대한 열망과 능력, 명확한 경계 설정하기, 생활기술을 개발하고 표현하기, 보살핌과 지지, 높은 기대감을 탐색하고 전달하기, 그리고 의미 있는 참여 기회를 강조하기—을 표현한다. 샘과 마리아는 교육자가 시간이 지나도 어떻게 탄력적인 채로 남아 있을 수 있는가에 대한 방법을 알려 주는 사례다.

교육자와 여섯 가지 탄력성 증진 요인

제1장에서 탐색하고 제2장에서 학생에게 적용한 여섯 가지 탄력성 증진 요인은 교육자에게도 동일하게 적용될 수 있다.

① 유대 증가시키기 교육자의 직업적 삶은 종종 그들의 동료와 정기적인 상호작용의 기회 없이 거의 전적으로 학생들과 함께 보낸다. 교사와 행정가의 업무상의 기여에 대한 평가 역시 주로 학급을 위한 개인적인 노력에 기초하고, 유대감을 증진시키는 팀을 짜거나 다른 협동적인 활동을 위해 주어지는 보상은 극소수에 불과하다. 비록 교육과정이 종종 다른 교사와 별개로 수행되는 행동으로 분류된다 할지라도, 유대감은 여러 가지 방식으로 권장될 수 있다. 첫째, 일하는 날의 구조는 좀 더 의미 있는 상호작용을 할 수 있도록 기회

를 증진하는 방식으로 검토하고 변화시킬 수 있다. 예를 들어, 강의 목적으로 팀을 짜면, 학생을 위한 협동적 교육의 모범이 되는 동시에, 교육자 간의 보살핌 관계나 소속감이 향상된다. 둘째, 의미 있는 비전과 사명을 확인하는 데 직원을 참여시키려는 노력은 효과적인 교육 프로그램을 위한 잠재력을 배양하면서 자신보다 더 커다란 무언가에 소속된다는 느낌을 갖게 할 수 있다.

② **분명하고 일관된 경계 설정하기** 교육자는 분명하지 않는 '규칙들' (예, 일정을 보고하고 변동하는 것, 서비스에 대한 기대, 학생 훈육에 대한 기대, 교직원 결근이나 물품과 장비의 주문 절차)의 복잡한 체계 내에서 활동한다. 자유, 창조성, 성장 등 감탄할 만한 목표들은 제약이 거의 없거나 전혀 없다. 실제로, 창조성과 성장은 기대가 임의적이거나 변덕스럽지 않고, 차별적으로 적용되지 않으며, 더 나쁘게는 규칙이 없는 경우가 아닐 때에만 가능하다. 교육자는 경계가 있다는 것을 스스로 분명하게 알게 되면 안전감을 느끼게 된다.

규범과 규칙, 정책은 분명하게 의사소통이 되어야 하고, 그 안에서 발생하는 변화들은 정기적으로 문서로 공유되어야만 한다. 만일 교육자들이 경계를 설정하고 해석하는 데 참여한다면, 그들은 쉽게 그것을 받아들이고 합리적이며 관리할 수 있는 것으로 받아들이게 될 것이다. 규칙과 정책이 이해되고 적절하다는 것을 확신하기 위해서는 정기적인 검토가 중요하다.

③ **생활기술 가르치기** 교육자는 그들이 직면한 변화하고 성장해야 하는 도전에 대응하기 위해 직무개발을 필요로 한다. 재직 전의 준비는 기껏해야 교사나 행정적 경력을 착수하기 위한 최소한의 지식과 기술을 제공한다. 신지식 개발, 기술적 혁신, 사회적 이동과

변화들의 빠른 속도는 미리 준비했던 최소한의 지식과 기술조차 곧 쓸모없게 만든다.

어떻게 이 상황을 개선할 수 있는가? 우선 학교는 의미 있는 직무개발 기회를 제공할 수 있다. 교사와 행정가는 목적과 전달 형식을 확인하는 중앙 사무실의 직원을 두기보다는 자신들에게 가장 시급한 직무개발 욕구가 무엇인지를 탐색해야 할 필요가 있다. 이러한 목적을 위해 학군마다 자원을 투입하는 것도 필요하다. 게다가 전통적으로 역할 개선과 관련된 직무개발의 좁은 규정은 목표설정, 갈등관리, 의사소통 및 문제해결과 같은 더 나은 탄력성에 기여하는 기본적인 대처기술의 상호작용 과정을 포함하도록 확장될 수 있다. 교육자는 자기존중을 형성하기 위해 노력할 수도 있다. 이는 교육자가 위험 감수와 성공을 자축하게 함으로써, 또한 직무와 무관한 자질 향상과 영적 안녕에 초점을 둔 성인학습 기회를 제공하고 좀 더 효과적인 홍보를 통해 교육자의 노력을 위한 지역사회의 지원을 향상시킴으로써 이루어질 수 있다.

④ 보살핌과 지지 제공하기 전문가로서 교육자는 스스로 중요한 기능을 수행한다는 것을 깨닫는 특별한 만족감을 얻는 것이 가장 중요한 보상이 된다. 그들은 선임자와 동료로부터 그들이 일을 잘하고 있다는 것을 전달하는 피드백을 받아야만 한다. 그렇지 않으면 그들은 침묵을 실패의 표시로 해석할지도 모른다.

외적 보상(시작하기에 매우 제한된)이 배분되는 방식에 의해 이러한 피드백을 제공하려는 노력은 특히 중요하다. 융통성 없는 임금체계와 특별한 목적을 위한 재정지원이 상대적으로 부족하여 개인적인 노력에 대해 의미 있는 외적 보상을 증가시키지 못한다.

교육자에게 매우 중요한 보살핌과 지지를 받는다는 느낌은 다양한 방식으로 향상될 수 있다. 긍정적이고 효과적인 기여에 대하여 비공식적이고, 빈번하며, 일관된, 그리고 현실에 기반한 감사함을 표시하는 메시지들은 간단한 메모에서 조직화된 축하 행사까지 다양하며, 이는 도움이 될 수 있다. 지도자는 관찰과 지원이 그들이 지도하는 사람에게 얼마나 중요하며 이러한 피드백을 분명하고 의미 있는 방식으로 제공하려는 모든 노력이 절실하게 필요하다는 것을 인식해야만 한다. 게다가 지역사회로부터의 긍정적인 피드백과 동료 간의 지지와 인정이 권장되어야만 한다.

기존의 보상체계를 공식적으로 변화시키는 일은 중요하다. 예를 들어, 업무상의 도전이 소개되고 차이에 따른 보상이 이러한 도전을 받아들이는 사람에게 제공될 수 있다. 뛰어난 기여를 인정하는 보상체계를 운영하거나, 융통성 없는 임금체계에서 벗어나 노력과 결과의 차이에 기초하여 차별적으로 보상하는 체계로 이동하는 시도를 해 볼 수 있다. 이러한 제안들은 정치적으로 민감하지만 매우 중요한 무언가를 시도하는 일일 가능성이 높다. 탁월한 노력에 대해 보상하고 다른 사람들에게 좀 더 일을 시도하게 하거나 아니면 좋아하던 자리에서 쫓겨나는 일을 분명하게 요구할지도 모른다.

⑤ **높은 기대를 설정하고 전달하기** 최우선 임무는 질서를 지키는 것이고 최소한의 소동으로 한 해를 끝마치기를 기대한다는 내용으로 교육자에게 보내지는 메시지는 교육적 탁월성과 탄력성 증진을 모두 억제한다. 만일 성취자들이 최소한의 요건을 넘어서 더 많이 수행하는 것으로 동료에게 칭찬을 받는 대신 '질서 파괴자'로 비추어진다면, 높은 기대와 탁월성은 손상받게 된다.

높은 기대는 어떻게 증진되는가? 교육자는 자신의 특정 역할보다 더 큰 목적을 위해 일한다고 믿게 될 때 동기가 부여된다는 것이 매우 중요하다. 이것은 그들이 교직원으로서의 공통된 사명뿐만 아니라 그 사명을 실행에 옮기는 목적을 공유하는 경우에도 나타난다. 또한 그것은 이해의 증가, 공감, 사명과 목적들을 실현하는 데 구체적으로 기여한 다른 누군가에게 감사를 표현함으로써 나타난다. 실제로, 이것은 조짜기, 업무 공유, 다양화된 역할 증진 및 개인의 특정한 역할보다 더 많이 기여하게 장려하는 것 등을 의미한다. 이것은 교육자로 하여금 특정 역할 임무를 수행하는 데 집중할 수 있도록 업무와 직접적으로 무관한 요건(예, 불필요한 보고서를 작성하는 것)들을 절대적으로 최소화시키는 것을 의미하기도 한다. 만일 업무와 관련된다면, 그것이 개인의 특정 역할과 관련되든 학교의 전체적인 효과성과 관련되든 보호되어야만 한다. 높은 기대는 교육자들이 임무, 즉 학생을 위한 교육적 성과에 직접 관련된 활동을 수행하는 일에 시간을 최대한 투자하도록 할 것을 요구한다.

⑥ 의미 있는 참여 기회 제공하기 대부분의 교육자는 규정된 특정 역할보다 더 많은 것을 학교에 제공해야만 한다. 탄력성은 그들이 기술과 에너지를 일터에 제공할 기회가 있을 때 양성된다(예, 유치원 교사도 음악가가 될 수 있고, 학교 교장은 숙련된 구연가가 될 수도 있다.). 성인 학습자로서 교육자에게는 새로운 기술을 학습하고 도전적인 활동에 참여하는 기회가 제공되어야만 한다.

현재 재구조화와 학교 단위 책임경영을 강조하는 것은 교육자에게 더 커다란 학교조직에서 의미 있는 역할을 제공할 수 있다. 이러한 잠재력을 이용하려면, 여러 가지 일들을 고려해야만 한다. 첫째,

교사의 역할은 교실 단위 책임뿐만 아니라 전 조직의 책임이 포함되도록 좀 더 광범위하게 규정될 수 있다. 행정가는 권위적인 역할 수행자로서 뿐만 아니라 전체 조직과정의 촉진자로서 기능할 수 있다. 둘째, 교사들이 함께 기획하는 시간과 시간을 효과적으로 사용할 수 있게 해 주는 필수적인 기술들이 제공될 수 있다. 셋째, 시간 계획은 모든 사람이 지속적으로 참여하도록 동기를 부여하는 좀 더 의미 있는 교과과정이나 명확하고 더욱 효과적인 훈육 정책처럼 장기적인 혜택을 가져온다는 것을 확신시키기 위해 집중적으로 노력할 수 있다. 마지막으로 비록 학교 전반에 관여하도록 권장하는 것이 중요하지만, 가장 우선순위에 놓인 역할의 책임성에 집중하는 시간이 유지되어야 하며, 그렇지 않으면 참여자들은 관심이 바뀌어 앞으로의 참여에도 상당히 저항하게 될 것이다.

탄력적인 교육자

이 장에서 탐구된 요인들을 통해 탄력적인 교육자를 양성할 수 있으며, [그림 3-2]에 탄력적인 교육자의 모습을 묘사하였다.

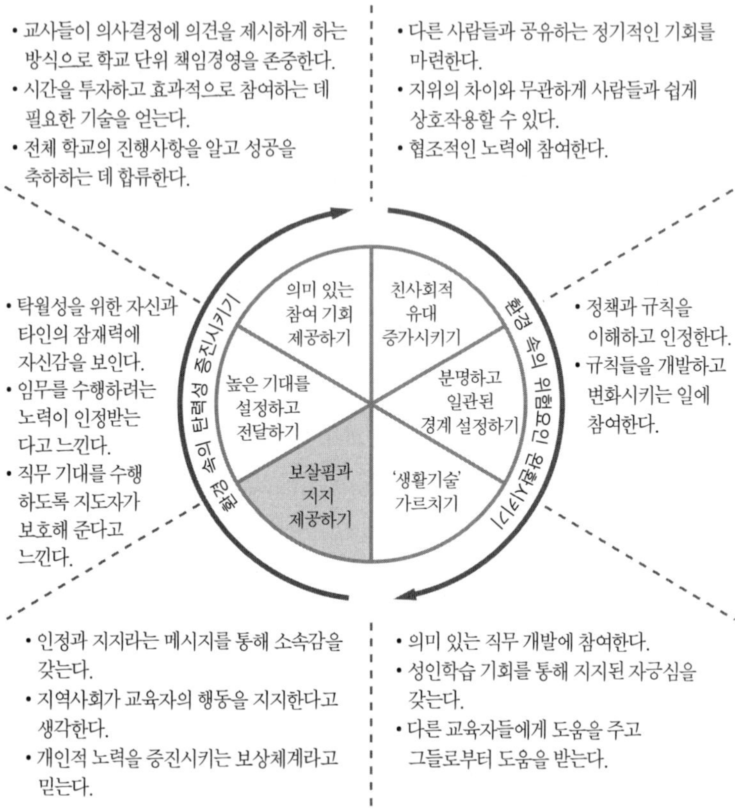

[그림 3-2] 탄력성 특징을 가진 교육자의 모습

맺음말

개인적 노력은 탄력성 증진 과정의 일부일 뿐이다. 탄력성 연구는 지원적인 환경도 필수적임을 분명히 말하고 있다. 탄력성을 보여 주지 않는 교육자와 학생에게 다가가기 위해 무엇을 할 수 있는가? 장기적으로 탄력성을 지원하는 제도화된 변화 가능성을 증가시키려면 무엇을 해야 하는가? 이러한 목적을 달성하려면 일반적으로 조직의 변화가 요구된다. 학교에서 일하고 배우는 모든 사람을 위한 탄력성 증진 조직인 학교를 창조하는 것이 제4장의 주제다.

활동 과제

1. 두 명의 탄력적인 교육자 샘과 마리아에 관한 간단한 기술을 읽으라. 이들에게서 이 장에 기술된 여섯 가지 탄력성 증진 요소를 보여 주는 방식을 탐색하라.

2. [그림 3-1]과 [그림 3-2]를 살펴보라. 당신을 묘사한 것은 무엇인가? 어떤 방식으로 묘사했는가? 당신의 탄력성을 개선하기 위해 추구해야만 하는 구체적인 행동이나 실질적인 참여는 무엇인가?

3. 동료들이 그들의 탄력성 영역을 탐색하도록 도와주라. 무엇이 그들의 탄력성에 기여하였는가? 어떤 사람들은 왜 탄력성이 부족한가? 어떤 사람들은 왜 좀 더 탄력적인가? 당신의 집단 구성원들에게서 탄력성을 증가시킬 수 있는 부분을 탐색한 것이 있는가?

4. 정체(plateauing)에 관한 책을 읽어라. 좋은 자료는 바드위크(J. Bardwick)의 『정체(*Plateauing*)』(New York: Amacom, 1986)다. 당신은 정체되어 있는가? 그렇다면 바드위크가 당신의 상황을 개선시키기 위한 조언을 해줄 것이다.

제4장

탄력성 증진 학교의 특성

당신의 인생에서 충분한 사랑 없이는 무엇이든 배우는 것이 어렵기 때문에 사랑과 보살핌의 관계는 학교에서 훨씬 더 가치를 인정받아야 한다. …… 학교는 많은 사람에게 [탄력성의] 유일하고 유력한 원천이기 때문에 …… 우리는 그곳에서 보살핌을 얻을 수 있다고 확신해야만 한다.

Gina O'Connell Higgins(1994: 330)

학교에서 일하는 성인과 공부하는 학생의 탄력성을 조직적으로 증진시키는 학교를 만들고 유지하는 것이 제4장의 초점이다. 이 장에서는 탄력성 증진 학교를 개발하는 일의 중요성과 이를 만들어가는 도전들이 검토되었다. 또한 탄력성 증진 학교 두 곳의 사례를 다루고 있고, 탄력성 바퀴를 학교에 적용하려는 시도를 해 보았다.

탄력적인 학생과 교육자는 탄력성 증진 학교가 필요하다

앞서 논의한 것처럼, 학생과 교육자는 탄력성의 개발과 유지를 도와주는 환경에서 직분을 다할 필요가 있다. 환경은 여러 가지 방식으로 탄력성 증진을 방해할 수 있고, 물리적으로 황폐하거나 자원이 부족할 수도 있다. 그것은 목적이나 방향성, 더 나은 미래의 가능성에 대한 감각을 전혀 전달하지 않을지도 모른다. 환경 속에서 살아가는 사람의 가치에 대해 부정적인 메시지를 보낼 수도 있고, 그 속에 사는 사람들이 무시당한다고 느끼게 만든 원인이 될 수도 있다. 긍정적인 사람마저도 이러한 환경에서는 시간이 지나면서 도전을 받고 지칠 수 있다.

그러나 탄력성 증진 학교 환경은 모든 유형의 지역사회에서 발견될 수 있다. 제2장에 묘사된 센트럴파크 이스트 학교와 같이 사회경제적 지위가 낮고 침체된 지역사회 환경에 위치한 학교들은 학생과 교육자가 똑같이 보살핌과 안전, 존중, 도전을 받는다고 느끼는 탄력성 증진 장소를 성공적으로 제공해 왔다. 마찬가지로, 낮은 사회경제적 지역에 위치한 많은 조직은 청소년의 삶에서 놀라울 정도로 긍정적인 차이를 만들어 내고 있다(McLaughin, Irby, & Langman, 1994). 반면 일부 사회경제적 자원이 풍부한 지역에 위치한 학교들은 학생과 교육자의 탄력성 증진을 위해 필요한 지원을 하지 못했다. 비록 업무는 자원이 적어질수록 좀 더 위축될 수 있지만 모든 학교는 탄력성을 증진하는 방식으로 기획하고, 개발하고, 유지될 수 있다.

탄력성 증진 학교의 발전을 방해하는 요인

제3장에서 확인한 교육자의 탄력성을 억제하는 요소들, 즉 변화하는 기대들, 글로벌 경제, 변화하는 학생 집단, 지원이 적은 지역사회, 연령이 높아지는 교육자 인력(장기간 적은 역할들에 남아 있는 많은 교육자), 동기부여와 위험 감수를 권장하기보다는 억제하는 보상체계, 그리고 효과적인 개혁에 관여하는 지식과 기술의 부족은 학교에도 적용된다.

이 장에서는 마지막 논점—효과적인 탄력성 형성자가 될 수 있도록 학교를 개선하는 데 요구되는 지식과 기술의 부족—에 역점을 두어 설명하기로 한다.

> 빠르게 변화하는 글로벌 사회와 경제는 지금 학교가 주는 졸업장과는 매우 다른 근로자와 시민을 요구한다. 사실 현 체계는 국가에서 필요로 하는 졸업생을 준비시키지 못한다. 높은 비율의 중퇴자, 표준화된 시험의 평균점수 뒤에 가려진 수많은 실패한 학생들, 그리고 일이나 보충학습을 위한 준비가 되어 있지 않은 졸업생은 부끄러운 증거다. 많은 학생이 최소한의 기술조차 없이 학교를 떠난다(「Nationa LEADership Network」, 1991: 7).

지난 20년간, 효과성과 탄력성을 증진하는 학교를 발전시키는 것에 대해 많이 알려졌다. 왜 이러한 학교들이 더 많이 출현하지 않았는가?

> 우리 모두는 거대한 조직을 생기 있고 반응적으로 유지하는 과정에서 정책적 선언, 새로운 전략, 계획, 예산과 조직의 차트가 기술할 수 있는 것보다 훨씬 더 많은 일이 수행되어야 한다는 것을 본능적으로 안다. 그러나 우리는 너무나 자주 마치 그것을 모르는 것처럼 행동한다. 변화를 원한다면 우리는 전략들을 구상한다. 혹은 우리는 구조를 바꾼다. 아마도 우리의 방식을 바꾸어야만 하는 시대가 왔는지 모른다 (Peters & Waterman, 1982: 3).

대부분의 교육자는 피터스(Peters)와 워터만(Waterman)의 의견에 동의한다. 그러면 학교를 변화시키려는 도전을 제기하기가 왜 그렇게 어려운가? 아마도 이는 일들을 다르게 수행했어야만 한다는 것을 인정하고, 그렇게 하도록 에너지를 모으고, 변화에 필요한 위험을 감수할 것을 요구하기 때문이다. 이는 특히 지배적인 학교문화—'어떻게 일들이 진행되어야만 하는가' 에 대한 뿌리 깊은 믿음체계—가 사전에 대책을 세우기보다 사후 반응적일 때 진행하기가 어렵다. 그들은 역시 협동과 팀 활동보다는 개인적 성취, 변화와 다양성보다는 일체감과 예측 가능성을 선호하는 보상을 한다.

조직적 변화는 최적의 조건에서도 어렵지만, 앞서 묘사한 것과 같은 성격을 가진 조직을 변화시키는 것은 특별히 더 어렵다. 구체적으로, 다음의 세 가지 쟁점들이 학교를 변화시키는 능력에 영향을 미친다(Milstein, 1993).

- **변화는 상실과 불안정을 의미한다.** 개인은 그들이 또 다른 것으로 이동하기 전에 무언가를 먼저 버려야만 한다. 그러나 신념과 행동을 의심하고 최종 결정을 연기해야만 한다는 것은 두렵다. 매달릴 수 있는 실질적인 수단도 거의 없이 원래 예상했던 기간보다 더 오랫동안 변화에 따라오는 자유롭게 떠도는 상태는 대체로 불편하다. 바꾸고 싶은 미래 상태에서 효과적이려면 필요로 하게 될 지식과 기술들을 얻는 것도 하나의 도전이 된다. 지도자들은 종종 과정에 소요되는 시간을 견디지 못하고 천천히 움직이는 사람들을 '저항한다' 고 보는 경향이 있는데, 전혀 그렇지 않은 경우일 수도 있다. 단지 그들은 뒤처질 수밖에 없었던 실천과정의 손실에 따라 달성하기까지 좀 더 많은 시간을 필요로 하는 경우일 수도 있다.
- **변화는 혼란스럽다.** 일반적으로 무엇이 틀렸는가 동의하는 것은 그것을 '고치기' 위해 무엇을 해야 하는가에 동의하기보다 쉽다. 만일 교직원이 원하는 곳과 그곳에 어떻게 갈 수 있는가에 대하여 분명하게 그릴 수 있다면, 그들은 아마도 지금 거기에 도달했었을지도 모른다. 분명함은 실험, '실패' 를 통한 학습, 장기간의 몰입, 그리고 결과 사정을 통해서만 나타난다. 대부분의 사람들은 그들이 어디로 향하고 있는지를 알고 싶어 하지만, 이것은 학교가 어떻게 조직화되고 관리되어야 하는가를 재규정하는 것처럼 중요하고 복잡한 것으로 받아들인다면 거의 불가능해진다.
- **변화는 권력관계를 뒤바꾼다.** 일부 사람들은 이러한 변화가 조직생활의 양상에 영향을 미치거나 통제하는 그들의 능력을 손상하

는 방식으로 영향을 줄 수 있다고 생각하기 때문에, 그들이 적절하다고 믿을 때조차 변화에 저항한다. 또 다른 사람들은 이러한 변화가 제도화된다면 그들이 영향력을 얻을 수 있다고 생각하기 때문에, 전적으로 동의하지 않는 변화를 지지할지도 모른다.

원래 이러한 요인에 의해, 학교는 대부분의 개혁 노력을 회피하는

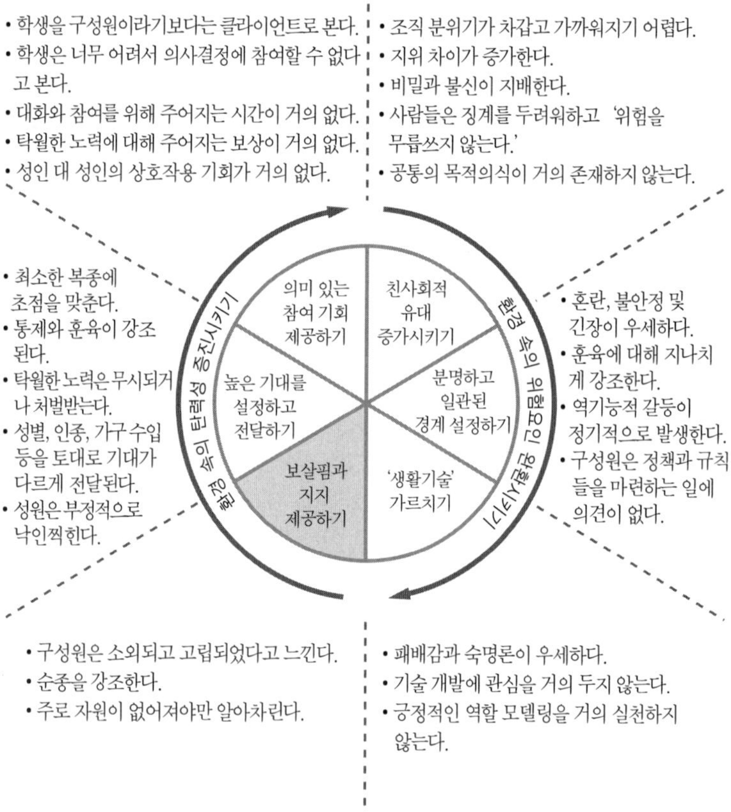

[그림 4-1] 탄력성 증진 개선이 필요한 학교의 모습

데 매우 완고한 곳으로 유명하다. 예를 들어, 연방정부가 수많은 재정적 포상 전략을 써서 공교육을 변화시키려고 시도했던 1960년대와 1970년대에 많은 개혁이 시도되었으나, 상대적으로 성공적으로 집행된 것은 거의 없었으며 완전한 제도화 목적의 일부만이 달성되었다(Berman & McLaughlin, 1977).

논의된 방해 요인에 직면한 학교는 종종 필요로 하는 변화를 이루는 데 성공하지 못했다. 만일 그들이 그렇게 할 수 없거나 하려 하지 않는다면, 그들은 탄력성 증진 태도를 거의 드러내지 않을 것이다. [그림 4-1]은 낮은 탄력성 증진 학교의 속성을 나타낸 것이다.

탄력성 증진 학교의 모습

탄력성 증진 학교는 어떤 모습인가? 우리가 일해 왔던 여러 실제 현장의 합성체인 학교 두 곳의 간결한 묘사를 통해 이러한 학교가 어떤 모습인가를 희미하게나마 감지할 수 있을 것이다.

해이 초등학교

해이 초등학교는 학교의 시 외곽 환경이 사회경제적으로 낮은 지역에 위치하고 있지만, 이곳의 아동들은 학문적으로 기대 이상의 성취를 달성하고 있다. 또한 지역사회와의 긍정적인 협력관계를 위해 많은 노력이 진행되고 있다. 예를 들어, 적극적이고 참석률 높은 학부모교사모임(PTA)이 있고, 학교는 지역사회 주민에게 학생을 대상으로 자원활동을 할 때 필요한 장비를 보관할 수 있는 안전한 장소를 빌려 주고 있다. 지역 주민, 교사 및 행정가는 학교 책임경영팀으로 함께 협조하여 일하는데, 여기서 사명 선언문과 수업 및 교과과정 개선을 지도하는 조작적 목적들을 개발한다. 기술개발을 위한 자원이 비축되어 있기 때문에 모든 사람이 효과적으로 자신감과 열정을 가지고 참여할 수 있다. 학생과 교육자는 그들이 수행할 것으로 기대되는 것이 무엇인지를 안다. 종종 학생의 확장된 제안으로 교사는 학생의 도전과 성공을 증진시키는 활동과 자료를 개발하는 데 많은 시간을 보낸다. 보조 직원도 이런 일의 정신을 알고 학생들의 성취를 격려한다. 해이 초등학교 졸업생들은 학교에 대한 자부심이 높고 가능한 한 오랫동안 학교의 일원으로 남고 싶어 하기 때문에 중학교에 가서도 방과 후에 학교를 방문하러 오는 것은 보기 드문 일이 아니다. 문제나 오해가 생기면, 그들은 개입된 사람들과 직접적으로 대면하고 대개는 거의 모든 사람이 만족하는 방식으로 해결이 된다. 학생 전학률이 비교대상의 이웃 학교에 비해 낮다는 것도 주목할 만한 점이다.

노스 고등학교

노스 고등학교는 인종적으로나 사회경제적으로 매우 다양한 학생회가 있다는 점을 장점을 인식함으로써, 이전에는 부정적으로 인지되었던 상황을 긍정적인 상황으로 재구성했다. 학생회에는 오랜 기간의 지역 거주자뿐 아니라 새로운 이주자들도 포함된다. 관용과 수용, 소속감에 초점이 맞추어졌고, 따라서 모든 학생이 중요하다고 느끼게 되었다. 학생과 교직원이 개발하여 현재 수용되고 있는 분명하게 진술된 규칙들이 존재하는 학교환경에서 다양한 학생 집단은 학교를 가정처럼 느끼게 되었다. 학교는 지역사회 집단에게 숙련된 근로자의 지속적인 원천임을 확신하는 한편, 학생 교육을 풍부하게 하기 위해 그들의 생각과 자원을 투입하면서 지역 업체들과 밀접하게 활동한다. 학교는 학생들이 선택할 수 있는 것에서부터 생애 대안들을 제공한다. 예를 들면, 근로장학 프로그램은 최첨단의 기술 개발을 강조한다. 학생들은 좋은 성적을 받고, 문제에서 벗어나며, 교사로부터 좋은 추천서를 받음으로써 그 프로그램에 참여할 수 있는 권리를 얻는다. 학생 전체가 참여하고 싶어 하는 대학 준비 교과과정 역시 준비되어 있다. 교사들이 학교의 사명과 목적에 매우 공감하고 그들의 경력 대부분, 혹은 전 경력 기간 동안 이 학교에 남아 있으려는 것은 놀라운 일이 아니다.

다른 교육 단계에 속하였다는 것 외에, 해이 초등학교와 노스 고등학교는 다른 집단의 학생들과 지역사회를 위해 일한다. 그러나 그들은 공통적으로 탄력성을 향상시키는 일의 중요성에 대한 굳은 신념을 가지고 있다. 두 학교는 여섯 가지 탄력성 증진 요인, 즉 유대, 분명한 경계, 생활기술 훈련, 보살핌과 지지, 높은 기대 그리고 의미 있는 참여 기회 모두를 제공한다.

학교와 여섯 가지 탄력성 증진 요인

학생과 교육자에게 관련된 여섯 가지 탄력성 증진 요인은 앞서 논의되었다. 여기서 초점은 학생과 교육자의 탄력성이 촉진되거나 좌절되는 중요한 단련장인 학교에 있다.

① 유대 증가시키기　건강한 유대는 긍정적이고 지원적인 조직에서 향상된다. 조직마다 날씨처럼 느낄 수 있는 뚜렷한 분위기가 존재한다. 다른 학교에서 일했던 사람은 이러한 차이를 느끼는 데 오래 걸리지 않는다는 것을 알고 있다. 조직 내 분위기는 차갑고 불길한 것부터 온화하고 화사한 것까지 매우 다양할 수 있다. 좀 더 깊은 수준에서, 조직은 문화나 역사, 전통과 가치에 근거한 신념체계를 강하게 고수한다. 조직문화는 분위기보다는 뚜렷하지 않지만, 학교에서 일이 처리되는 방식의 기초를 형성한다. 조직문화의 극단적인 한편은 지위 간 격차와 비밀을 증가시키고 불신의 씨앗을 뿌리며, 팀에 협조적으로 일하려는 노력을 억제하고, 안전 위주의 역할만을 담당하거나 위험에 따른 배상을 강조하는 메시지를 보낸다. 또 다른 극단은 개인적 성취는 조직에 긍정적으로 반영된다는 믿음에 의해 구성원 간의 공정성을 증진시키고, 위험 감수와 학습을 장려하며, 구성원들의 성취를 축하하는 문화다.

학교 분위기와 문화를 조성하는 것은 탄력성을 증진하는 중요한 수단이다. 조직적 분위기는 날씨처럼 변화될 수 있으므로 단시일 내에 영향을 미치기가 더욱 쉽다. 좋아하는 행동을 모방하고 존중, 신뢰, 성장, 응집력, 보살핌, 지지와 도전으로 특징지을 수 있는 긍정적인 분위기를 장려하는 것은 지도자와 학교공동체의 다른 성원들이 조직적 탄력성 증진을 배양할 수 있는 중요한 방안이다. 학교의 문화, 교직원, 학생과 그 가족을 통해 탄력성을 증진시키기 위해서,

비전이나 사명을 분명히 표현하고 공유된 가치를 증진시켜야 한다. 또한 비전이나 사명과 조화를 이루는 학교의 역사적 측면들을 강조하고, 바람직한 행위를 축하하는 의례나 의식을 발전시키는 것도 필요하다(Deal, 1987).

② **분명하고 일관된 경계 설정하기** 학교는 협동과 지원, 그리고 더 커다란 조직에의 소속감을 향상시키는 조직적으로 규정된 명확한 경계들, 또는 혼란과 불확실성 및 그 결과가 되는 긴장으로 특징지을 수 있다. 분명하지 못한 경계를 가진 학생은 학교가 양육하는 것보다는 또래가 마련한 규범이나 행동을 지나치게 강조하는 경향이 있다. 성인으로서 교육자는 적절한 행동에 대해 판단할 수 있는 좀 더 견고한 기반이 있지만, 분명한 경계가 없다면 개인의 목적이 전체 학교 목적의 우위에 서게 될 가능성이 높아질 것이다. 분명하게 진술된 조직의 경계는 구성원들에게 자신이 허용될 수 없는지, 최소한으로 받아들여지는지, 아니면 모범적인 방식으로 행동하고 있는지를 알게 해 준다. 앞서 말했듯이 비전과 사명, 목표를 탐색하고 명백하게 하는 학교 전체의 노력은 구성원들에게 좀 더 분명하고 공통적으로 이해되는 통합된 목적의식을 제공할 수 있다. 이러한 것들로 사명과 목적에 부합되게 의도적으로 교직원을 선발하고, 이 집단이 지속적으로 직무개발을 하면 비슷한 기대와 공동 운명이라는 의식을 향상시킬 수 있다. 마찬가지로, 학생들에게는 무엇이 자신들에게 기대되는가를 안다는 안정감을 갖게 하기 위해서 분명하게 진술되고, 정기적으로 전달되며, 널리 지지된 학문적 · 사회적 행동에 대한 기대가 제공될 필요가 있다. 이러한 기대를 이해하고 수용하기 위해서 그들은 기대를 분명히 만들어 가고 규정하는 데 참여

해야 한다.

③ **생활기술 가르치기** 교육의 효과성을 높이는 방식으로 학교가 변화되는지, 유지에 초점을 맞추는지, 아니면 약간 뒤처지는지의 여부는 그 안에서 일하고 배우는 사람에게 중요한 기준을 설정하게 한다. 학교가 개선하려는 노력을 하고 있는가? 그것은 매우 효과적으로 진행되는가? 학교는 개인과 집단을 기술 개발로 이끄는 위험을 감수하는가 아니면 패배감과 숙명론을 증가시키는가? 학교조직 내의 구성원들은 신호를 밀접하게 관찰하고 그들이 관찰한 것에 기초하여 행동을 분류하는 경향이 있다.

탄력성 증진 학교는 학교 전체와 개별화된 학습, 변화와 효과성 사이의 연계를 증진시킨다. 이러한 학교는 환경을 점검하고 도전에 긍정적이며 창조적으로 반응한다. 그 과정에서, 학교는 학교공동체의 구성원에게 도전에 맞서는 데 필수적인 기술—비판적 사고와 효과적인 문제해결 등—을 개발하게 해 준다. 또한 학급과 학교에 전달되는 생활기술인 집단의 노력, 합의된 의사결정, 공유된 목표설정과 같은 협동적인 행동을 장려한다. 학교는 이러한 방식으로 학습을 향상시킬 뿐만 아니라 긍정적인 역할 모범을 보이고 구성원의 위험감수와 성장 노력에 대하여 보상을 제공한다(Milstein, 1993).

④ **보살핌과 지지 제공하기** 학교는 소속감을 느끼는 장소이거나, 혹은 소외되고 고립되는 장소일 수 있다. 학교가 상대적으로 짧은 시간의 수업을 강조하는가 아니면 다른 형식으로 실험하는 것을 증진시키는가? 일상이 통제되는가 아니면 융통성이 있는가? 순종과 최소한으로 허용된 행동을 강조하는가 아니면 성장과 동기부여를 강조하는가? 어느 정도의 자원—재정과 자료, 설비—이 축적되었

고, 이 자원은 학습과 성장, 안녕을 향상시키는 데 사용될 수 있는가?

보살핌과 지지는 학교에서 학교공동체의 모든 구성원에게 다양한 방식으로 향상될 수 있다. 첫째, 학교는 협동과 보살핌, 축하와 통과 의례를 강조할 수 있고, 필요할 때 주고받을 수 있도록 외부로 뻗어 나가려는 노력을 권장할 수 있다. 둘째, 지도자는 학생의 이름과 취미를 알게 되고, 개인적으로 가족을 찾아다니고, 교사의 관심사에 대응함으로써 학교에서 존재감을 보이려는 노력—'어슬렁거리면서 관리하기'(Peters & Waterman, 1982)—을 할 수 있다. 셋째, 창조적인 노력은 필요한 인적·재정적·물적 자원을 확보할 수 있는데, 이는 학생과 교육자로 하여금 자신들의 안녕과 성공에 대해 학교가 관심을 갖는다는 믿음을 가질 수 있도록 정당하고 공정한 방식으로 분배되어야만 한다.

⑤ 높은 기대를 설정하고 전달하기 자신에 대한 높은 기대를 내면화하지 못한 경우라면, 학교는 학생과 교육자가 자신들이 유능하다는 것과 성공하는 것이 중요하다는 것을 알게 해 주는 장소일 수 있다. 그러나 학교는 교육자와 학생에게 위험을 감수하고 성취하기보다는 최소한의 순종을 강조하는 메시지를 너무나 자주 보낸다. 학생들에게 이러한 메시지는 진학을 고려하기보다는 초보 수준의 직업을 찾도록 조언하고, 수준 미달의 학문적 수행을 수용하며, 도전과 기회보다는 통제와 훈육을 강조하는 것이 된다. 교육자들에게 이러한 메시지는 개별적 노력을 보상하지 않는 융통성 없는 임금정책, 교육자의 의견이나 스스로 탐색한 욕구가 고려되지 않은 채 계획된 직무개발 주도, 수업활동에 대한 행정가의 관심과 지원 혹은 개입의 부족과 같은 형태를 취하게 한다.

학교가 높은 기대를 장려할 필요가 있음을 좀 더 깨닫도록 하기 위해서는 어떻게 해야 하는가? 기본적으로 '할 수 있다'는 태도가 학교에 널리 퍼져 있어야만 한다. 성공 능력에 대한 공동의 신념은 증진될 수 있고, 노력에 참여하도록 격려 받은 모든 사람에게 전달될 수 있다. 이 과정에서 교육자와 학생은 자신의 이미지를 개선하고 성공에 필수적인 위험을 더욱 기꺼이 감수하게 될 것이다.

구체적인 전략들은 다음과 같다. 첫째, 모든 조직 구성원이 분명한 성과 기대를 포함하는 성장계획—학생에게는 학문적 기대를, 교직원에게는 직무의 우선순위를—을 발전시키도록 장려한다. 둘째, 정기적인 검토 절차를 마련하여 지지적이고 바로잡기 위한 피드백을 제공한다. 셋째, 도움을 주고받는 것을 장려하는 협동적인 학습 기회를 촉진한다. 넷째, 성취를 축하한다. 다섯째, 노력과 성공을 강조하는 사례를 발표한다. 여섯째, 지역사회와 협조적인 제휴를 발전시킨다.

⑥ 의미 있는 참여 기회 제공하기 학교 책임경영의 장점은 조직 구성원으로 하여금 권한 부여에 관해 더 많은 관심을 갖게 하는 결과를 가져왔다. 그러나 많은 학교에서 여전히 의미 있는 참여와 개입이 상대적으로 없는 상태다. 이것은 특히 구성원이라기보다는 '클라이언트'로 여겨지는 학생들이나, 너무 어려서 학교 전반이나 학급 단위에서조차 의사결정에 진지하게 참여할 수 없을 것이라고 여겨지는 학생들에게는 사실이다. 이는 또한 대부분 학교의 교육자에게도 문제가 되는데, 부분적으로는 교사와 행정가 사이의 역할과 지위 차이에서 오는 강력한 차별 때문이다. 게다가 업무가 규정되는 방식은 학교 전반에 걸친 참여나 협동을 위한 여지나 동기를 거의

남겨 두지 않는다. 또한 보상체계는 개인적인 수행력을 강조한다.

학생과 교육자뿐 아니라 가족과 학교공동체의 다른 구성원이 효과적으로 참여하도록 균형을 이동하게 하려면 무엇을 해야 하는가? 우선적으로 학생(그리고 가족)을 클라이언트로 인식하는 태도가 바뀌어야만 한다. 일꾼으로서의 학생, 중요한 동반자로서의 가족, 그리고 코치로서의 교사가 증가해야만 한다. 이 개념은 학생과 가족을

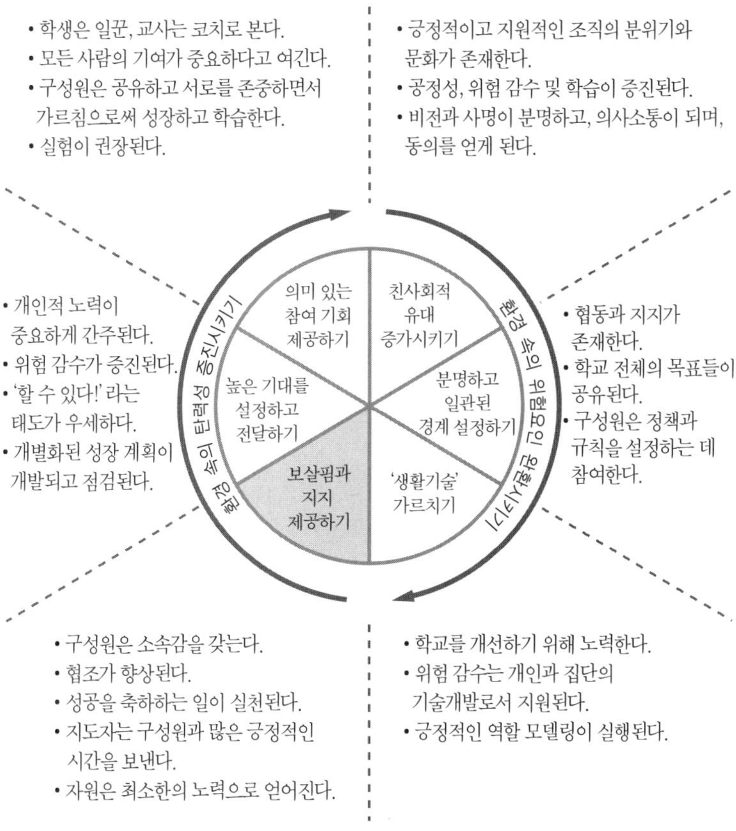

[그림 4-2] 탄력성 증진 학교의 모습

행동반경의 소비자에서 교육과정의 주연의 역할로 이동하게 한다. 이러한 태도 변화는 학교공동체에서 모두가 참여하도록 도와준다. 진정으로 의미 있는 참여를 위해 학생과 가족, 교육자는 다음과 같이 할 필요가 있다. 첫째, 자신이 하는 것이 중요하다고 믿는다. 둘째, 자신의 능력이 충분히 발휘될 때까지 시도해 본다. 셋째, 참여하고 협조하는 일의 가치를 인정한다. 넷째, 전체 조직의 역동이 자신의 미래에 영향을 준다는 의식을 갖는다. 다섯째, 전제들을 자유롭게 탐색한다. 여섯째, 서로를 존중한다. 일곱째, 실험과 위험 감수를 장려한다(Senge, Kleiner, Roberts, Ross, & Smith, 1994: 51).

여기서 언급한 제안들은 학교가 탄력성 증진 조직으로 되어 가는 데 도움이 될 수 있다. [그림 4-2]는 이러한 학교의 특징을 요약한 것이다.

맺음말

학교는 [그림 4-2]에 제시된 모습에 도달할 수 있다. 그러나 많은 학교의 경우, 이것은 변화를 위한 노력에 집중할 것을 요구할 것이다. 이 책의 후반부는 이러한 주제인 효과적인 탄력성 증진이 학교에서 발생하는 데 필요한 변화과정에 성공적으로 참여하는 것에 초점을 맞추고 있다.

활동 과제

1. 해이 초등학교와 노스 고등학교를 언급한 것을 검토하라. 이 두 학교의 현장에서 어떻게 여섯 가지 탄력성 증진 요인이 드러나는지를 탐색하라.

2. 탄력성 증진을 향한 초기 단계로서 학교의 현재 문화에 관한 동의안을 발전시키는 것이 중요하다. 이러한 대화를 촉진하는 방식으로서 비유를 사용하는 것이 효력을 발휘할 수 있다. 다음 문장에서 빈 요소들을 기입하도록 구성원에게 요청하라.

   우리 조직은 ______________하기 때문에 ______________와 같다.

   완성된 비유는 구성원이 보는 탄력성 증진 학교가 범위를 설정하는 데 많은 도움이 될 수 있다. 만일 지배적인 비유가 탄력성 증진 학교가 아닌 모습으로 묘사되었다면, 탄력성 증진 학교를 표현할 수 있는 비유의 실례들을 나열하라.

3. [그림 4-1]과 [그림 4-2]를 토대로 당신 학교에서 탄력성 증진 요소뿐 아니라 개선이 필요한 영역들을 탐색하라. 당신의 생각을 동료와 공유하고, 그들이 학교에 존재하는 요소들과 부족하거나 개선되어야 하는 요소들에 관하여 토론하도록 권장하라.

제5장

탄력성을 증진시키는 학교로 변화시키기

변화란 최종 휴식처의 추구라기보다는 과정이며, 개선을 위한 탐색이라는 인식이 증가하고 있다.

Joseph Murphy & Philip Hallinger
(1993: 225)

이 책의 후반부는 탄력성 형성이라는 매우 중요한 쟁점에 대해 학교가 효과적으로 반응하도록 개발하는 데 도움을 주기 위해 할애한다. 제5장은 이러한 노력을 위해 기본 구조와 과정을 개괄적으로 설명하고 있는데, 현상의 이해—사정, 동의 및 행동과정 설정—와 그 상황을 긍정적으로 변화시킬 수 있는 세 가지 활동들—개입, 평가 및 지속적 접근—에 초점을 둔다. 조직 발전의 전형적인 진단-개입-평가 과정을 따르는(Schmuck & Runkel, 1994 참조) 이 구조는 다음 장들에서 좀 더 충분히 설명할 것이다. 이어지는 장들 역시 이러한 과정을 학교에서 적용하는 데 도움이 되는 제안들을 제공한다.

현상 이해하기와 변경할 것이 무엇인가를 결정하기: 사정, 동의 및 행동과정 설정

사람은 변화와 성장에 필요한 위험을 기꺼이 감수하기 전에 왜 현재의 상태가 만족스럽지 않은가를 이해해야만 한다. 또한 자신의 현재 상황을 파악해 적절한 우선순위를 설정하고, 자신들의 학교를 좀 더 효과적인 탄력성 증진 조직으로 재구성하기 위한 합리적인 선택을 할 수 있게 해야만 한다. 포함된 사람—학생, 그들의 가족, 교육자 및 그 밖의 관계자—이 현재 상황을 좀 더 분명하게 인지하고, 적절한 행동 결정을 더 많이 선택할수록, 변화과정의 주인의식이 생길 가능성은 더 높아질 것이다. 사정, 동의 및 행동과정 설정이라는 제목 아래 기술된 과정은 탐색된 행동에 대한 인식을 공유하고 확산된 헌신도를 높이려는 의도다.

사 정

과정의 첫 단계는 사건의 현재 상태를 사정하는 것이다. 사정되어야 할 범주 영역은 앞서 기술되었던 여섯 가지 탄력성 증진 요소다. 〈표 5-1〉은 탄력성 바퀴에서 개별 요인에 관한 정보를 수집하는 데 사용할 수 있는 양식이다.

이것이 수행될 수 있는 방식은 다양하다.

• 참여자(목적과 필요에 따른 학생, 교육자, 관계자의 조합들)들은

탄력성 개념과 탄력성 바퀴에 포함된 여섯 가지 요인에 대하여 간단히 소개하기 위해 함께 모일 수 있다. 이러한 회의에서 정보를 수집하는 일과 연결할 수 있는데, 각 개인에게 〈표 5-1〉에 나타난 여섯 가지 요소에 대해서 사건의 현재 상태에 대해 그들이 인식하는 것을 서로 나누도록 요청함으로써 이루어질 수 있다. 소집단은 인식과 기록, 동의에 관해 토론할 수 있고 또한 대규모 집단 토론은 앞으로 사용하기 위해 기록된 동의들로 원만하게 진행될 수 있다.

- 필수적인 정보를 모으기 위해 위원회를 설립할 수 있다. 위원회는 문제의 현재 상태에 대한 참여자들의 신념을 탐색하는 초점 집단을 가동하거나 대표적인 인사들과 면담할 수 있다(Krueger, 1994). 위원회는 같은 목적을 달성하기 위해 제8장에 제시한 [그림 8-2] 학교 탄력성 증진 사정하기와 같은 설문지를 사용할 수 있다. 설문지는 참여자에게 배부하고 수거할 수 있으며, 결과는 나중에 정보제공을 위해 대조할 수 있다.
- 앞서 제시한 행동들 중 한두 가지를 통해 정보를 모으기 위해 외부의 연구 인물이나 집단을 초빙할 수 있다. 이 방식의 장점은 신선한 관점, 촉진 경험, 그리고 외부 인물이나 집단이 가져오는 기술 등이다. 반면에 단점은 구성원이 수집된 정보의 '소유권을 인정' 하거나 헌신하게 하는 잠재력을 감소시킬 수 있다는 것이다. 어떻게 진행할 것인가를 결정할 때 이러한 타협을 위한 거래를 고려해야만 한다.

〈표 5-1〉 학생과 교직원을 위한 탄력성 증진 요인: 현재 상황 사정하기

1. 유대 형성을 위한 기회
2. 분명한 경계
3. 생활기술
4. 보살핌과 지지
5. 높은 기대
6. 참여 기회

어떤 방법이든 상관없이, 정보수집은 기본 목적이다. 정보수집에 참여한 사람은 다음과 같은 방법들의 일부를 조합하여 사용하게 될 것이다(Milstein, 1993).

- 면 담

  장점: 설계하기 쉬움, 많은 정보 잠재력, 융통성 있는 사용, 신뢰 구축을 위한 잠재력

  단점: 결과를 수량화하기가 어려움, 수행 시간이 오래 걸림, 면담자에 대한 편견의 여지가 있음

- 설문지

  장점: 수량화가 쉬움, 적은 노력으로 많은 결과를 얻음, 객관적임

단점: 준비 시간이 오래 걸림, 융통성이 없음, 깊이 있는 정보를 추구할 수 없음

- 관 찰

  장점: 깊이 있는 정보를 얻음

  단점: 정보를 기록하고 분석하는 과정에서 편견의 여지가 있음, 수행하는 데 시간이 걸림

- 기록과 서류물

  장점: 과정의 설계와 통제가 쉬움, 효율적인 시간 사용

  단점: 기록물은 필수적인 정보의 깊이가 없을 수 있음(공개된 것과 실제 자료)

동 의

두 번째 단계는 이미 잘되고 있는 것은 격려하고 탐색하며, 변화시켜야 할 중요한 것은 무엇인가를 결정하는 문제의 현재 상황에 대해 동의를 이루어가는 과정이다. 이 단계에서의 활동은 다음과 같다.

- **명료성과 이해를 제공하는 방식으로 참여자들이 수집된 정보를 대조하도록 도와주기** 이러한 활동은 앞서 기술한 것처럼, 관련된 정보 모으기—예를 들어, 설문지를 개발하고 진행하기, 면담 진행하기 및 문서 분석하기—를 포함한다. 그 다음에 그것을 참여자들이 이해하기 쉽게 풀어내는 방식—예를 들면, 차트와 표를 만들고, 피드백을 요약하고, 경향을 범주화하는—으로 얻어진 정보를 효과적으로 조직하는 것을 의미한다.

• **모든 참여자뿐만 아니라 수집된 정보를 듣는 관계자가 검토할 수 있게 대조된 정보를 발표하기** 그들은 정보에 관해 이야기할 수 있고 문제의 현재 상태, 즉 무엇이 잘되고 있고, 무엇을 개선하여야 하는가에 관하여 동의에 이를 수 있다. 대개 설문조사처럼 피드백(Bowers & Franklin, 1977; Nadler, 1979)이라 불리는 이 임무는 다음의 3단계를 포함한다. 첫째, 이해 가능성을 높일 수 있는 방식으로 정보를 조직한다. 이때 그래프나 차트 등의 시각적 자료가 도움이 된다('한 장의 사진이 천 마디 말보다 낫다.'). 둘째, 구성원은 의미와 관련성을 명료하게 할 수 있는 공개회의에서 그것을 공유하고 토론한다. 셋째, 집단은 결론을 내리고 이미 잘하고 있는 것을 축하하며, 우선순위에 동의하고, 행동과정으로 이동하도록 장려한다. 이 모든 것이 한 번의 회의에서 수행될 수 있는지 또는 그렇게 해야만 하는지의 여부는 이용할 수 있는 시간과 요구되는 토론 범위에 달려 있다.

이 과정에서 종종 간과되는 단계는 이미 발생된 것을 효과적으로 격려하는 데 적당한 시간을 할애하는 것이다. 탄력성 증진은 장점—잘되고 있는 것—을 인정하는 것과 그러한 장점 위에서 향상시키는 것을 의미한다. 교직원은 그들이 이미 잘하고 있다는 것을 인정받고 인지되었을 때 좀 더 개선하고자 하는 동기가 부여되기도 한다. 게다가 협동 학습, 학교 단위 책임경영, 충분한 참여 및 효과적인 부모와 지역사회의 파트너십과 같은 학군의 진취성이 탄력성을 향상시킨다는 점을 이해하는 것도 이러한 현존하는 변화 노력에 좀 더 헌신하게 할 수 있다. 마지막으로, 이러한 탐색과 격려는 효과적인 탄력성 증진은 또 다른 것을 덧붙이는 것이 아니라 효과적인 교육을 위한 토대라는 중요한 점을 지적한다.

행동과정 설정

변화를 위한 노력 전반부의 마지막 활동은 어떤 방향을 취해야 하는가를 알아내는 것이다. 만일 처음 두 과정이 효과적으로 수행되었다면, 현존하는 장점과 단점의 핵심이 분명해지고 동의에 이르게 된다. 지금 필요한 것은 학교의 탄력성 증진 능력에서 오늘의 격차가 내일의 개선된 모습으로 이동하기 위해 일련의 합의된 전략을 개발하는 것이다. 이쯤에서 구체적인 탄력성과 관련된 장벽을 극복하게 하는 잠재력을 지닌 전략을 이해할 필요가 있다. 학생과 교육자, 교육조직에 초점을 둔 [그림 5-1], [그림 5-2], [그림 5-3]은 장벽과 전략 간의 관계를 생각하는 방식을 제공한다. 구체적으로, 이 그림들은 참여자가 동의하는 탄력성에 대한 어떤 장벽이라도 이러한 장벽에 긍정적으로 영향을 줄 수 있는 현재 접근 가능한 전략과 필수적인 연계를 하도록 도움을 주는 데 활용될 수 있다. 이 그림들은 절대 포괄적이지 않다. 오히려, 이것은 구체적인 학교현장에서 도움이 될 만한 더 나은 전략들을 확인하기 위한 출발점이나 자극으로서 활용될 수 있다. 당신은 당신이 처한 실제 상황에 따라 장벽과 전략이라고 확인된 항목을 빼거나 넣고 수정할 수 있다.

학생을 과정에 포함시키는 것은 중요하다. 학생의 탄력성을 증진시키기 위해 긍정적인 것은 무엇이고 개선되어야만 하는 것은 무엇인가 하는 것에 관해 가장 정확한 상황 파악은 유일하게 유리한 위

[그림 5-1] 학생의 탄력성 양성하기: 학교가 할 수 있는 것

치에 놓인 이 집단으로부터 나온다. 게다가, 적극적인 동반자로 학생을 포함하는 것은 학교공동체에 의미 있는 참여 기회를 제공하여 탄력성을 증진시키는 활동을 제공하며, 그것 자체가 하나의 증진 활동이 된다. 이것은 그들이 변화과정에 제공해야만 하는 자원을 공유할 수 있는 가능성도 향상시키게 된다.

[그림 5-2] 교육자의 탄력성 양성하기: 학교가 할 수 있는 것

상황을 긍정적으로 변화시키기:
개입, 평가 및 지속적 접근

어떠한 상황이고 무엇을 할 수 있는가에 관해 분명하게 의식하고 합의된 상황이 파악된다면, 탄력성 증진을 개선하기 위해 상황을 변

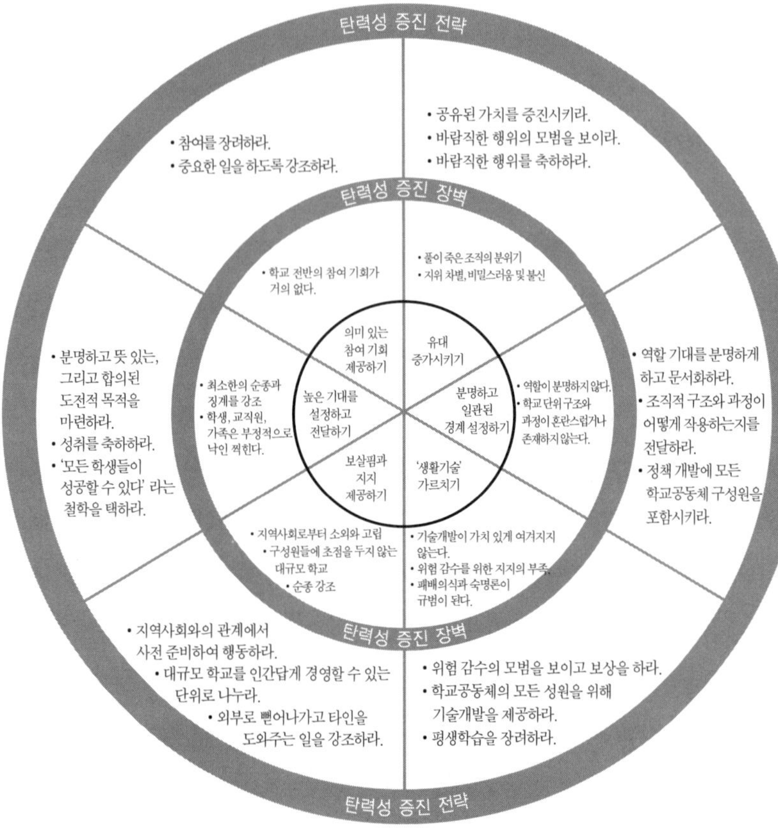

[그림 5-3] 교육자의 탄력성 증진 학교: 조직적 변화 만들기

화시키려는 후반부의 노력은 제대로 자리 잡을 수 있다. 첫 단계—명료화와 행동결정—처럼, 학교공동체의 구성원은 많이 참여하고 수행되는 행동과정에 대한 책임감을 가져야만 한다. 그것은 발생하게 될 변화에 대한 위험 감수와 헌신 가능성을 증가시키기 때문에 중요하다.

개 입

더 나은 탄력성을 달성하려는 바람으로 상황을 변화시키는 것 자체가 저절로 또 다른 탄력성 증진 과정이 된다. 사람은 직접 나눈 경험의 결과로 학습하고, 행위를 변화시키며, 태도를 수정한다. 이처럼, 어느 면에서는 과정이 산물이다. 구체적인 목적과 개입전략은 필요한 변화의 표적—학생, 교육자 또는 학교 전체—뿐 아니라 사정과 도달된 동의 결과에 따르게 될 것이다. 세 가지 가설적 사례들이 다음에 간략하게 제시되어 있다.

- **학생** 사정은 학생의 성취와 성공에 대하여 일관성 있는 높은 수준의 기대가 부족하다는 것을 드러낼 수도 있다. 이러한 경우, 학생을 추적하고 낙인찍는 것과 관련된 정책과 공식적 · 비공식적 실행을 재탐색해야 한다. 또한 교육자에게 학생을 그들의 교육에 끌어들이는 다른 학습 방식의 강점을 인식하도록 돕는 직무개발을 제공하고, 그들에게 중요하게 인식되는 개별화된 강의전략을 발전시킬 것을 장려하는 것이 중요하다.

  피그말리온(Pygmalion) 효과의 정신—사람들은 자신에 대해 다른 사람이 믿는 방식으로 행동하고 수행한다는 것(Rosenthal & Jacobson, 1968)—에서 보면, 학생의 성공 잠재력에 대한 신념에서 변화를 가져오는 것이 중요하다. 이러한 상황에 개입하는 한 방법은 교직원과 학생, 학부모가 이러한 문제를 성공적으로 처리하는 다른 학교를 방문하게 하거나, 유사한 탄력성 증진의 장벽을 어떻게 성공적으로 극복했는가를 공유할 수 있도록 그런 학교에서 사람을 데리고 오는 것이다.

- 교육자 사정은 학교의 많은 교육자가 고갈되었고 무능하며, 그들이 가르치는 기술은 유행에 뒤떨어졌다고 느끼고 있음을 드러낼지도 모른다. 이는 사회변화, 학교에 대한 기대 그리고 의미 있는 직무개발 기회의 부족 등에 기인한 것일 수도 있다. 만일 그렇다면 교육자를 위한 생활기술의 개선에 초점을 두는 결정이 그들의 탄력성을 향상시킬 수 있다. 적절한 개입은 직업적으로나 개인적으로 모든 결정적인 성장 욕구를 탐색하고, 성인학습 원칙을 고수하는 방식으로 교육자에게 전달되는가에 초점을 맞추게 될 것이다(Levine, 1989).
- 학교 사정은 보편적으로 학생이나 학교에서 일하는 대부분의 교육자에게 의미 있는 참여를 위한 기회가 거의 없다는 것을 드러낼지도 모른다. 이러한 상황에서는 모든 수준에서 참여 증가에 초점을 두는 행동을 선택하는 것이 중요하다. 학생에게 이것은 사전 계약('일꾼으로서의 학생')을 증진시키는 방식으로 수업 형식에서 중요한 변화를 의미하는 것일 수도 있다. 교육자뿐만 아니라 학생을 위해 질문하고, 비판하며, 양방향의 피드백을 향상시키는 것 등의 상호작용이 생길 수 있게 시간과 공개 토론장을 마련하는 것을 의미할 수도 있다.

사정은 아마도 탄력성 증진이 이미 자리 잡은 일부 영역과 역점을 두어야만 하는 몇몇 영역이 있다는 결론을 내리게 될 것이다. 개입은 학생과 교육자, 학교 탄력성 관련 사정 결과물의 모든 양상에 초점을 두면서 포괄적인, 즉 탐색되고 합의된 모든 현실에 반응하는 것이 중요하다. 존재하는 문제들은 상호 연관성이 있으므로 서로 협력하여 처리되어야만 한다. 그러나 개입은 우선순위를 매기고 연속적인 방식으로 집행되는 관리 가능한 단계들로 나누는 것이 중요하다. 각 단계마다 성공을 격려하면서 변화를 이루어가는 일관성 있는 단계별 접근은 너무 많은 일을 너무 빠르게 해야 하고 이에 압도당하는 것보다 궁극적으로 더 성공하기가 쉬울 것이다.

평가

앞서 탐색된 것과 같은 변화가 원하는 학교 탄력성 증진의 개선을 가져올 것인가? 이것이 목적이지만, 노력이 점검되거나 평가되지 않는다면 성공적인 달성을 증명할 수 없으며, '목표를 유지하게 해 주는' 필수적인 방식으로 변화를 만들어 가는지도 알 수 없다. 평가는 일이 계획대로 진행된다는 것을 확인하기 위해 변화과정 동안(형성평가)에, 그리고 의도한 것과 같은 결과를 확신하기 위해 전략들이 수행되어진 후(총괄평가)에 이루어져야만 한다. 과정의 초기 단계에서 더 많은 협력자가 포함된다면, 결과적으로 동의가 더욱 잘 이루어지고 필요한 개입을 지원하기 위한 기반은 더욱 잘 형성될 것이다. 뿐만 아니라, 평가 자료들은 동의가 이루어진 개입에 필요한 부가적인 재정 자원을 확보하기 위해서도 점점 중요해지고 있다.

평가는 몇 가지 중요한 규칙(Milstein, 1993)을 따라야만 한다.

- 목적을 추구해야만 한다. 지나치게 빈번한 평가는 다른 사람의 욕구에 맞추려 하거나 핵심적인 의도가 없는 불필요한 것으로

여겨진다. 무엇이 달성되어야 하는가에 동의하는 연습은 평가를 위한 중요한 기초를 마련한다. 이것은 초기 사정 결과를 추적하고 집단이 목표를 유지한다는 것을 확신함으로써 활성화될 수 있다. 예를 들어, 원래의 관심이 학생 측의 수행에 대한 높은 기대 부족이라면, 이러한 기대를 변화시키는 것이 추구하는 목적이고, 이에 따라 평가 작업의 토대를 형성해야만 한다. 다시 말해서, 평가는 협력자들에게 중요한 일들을 검토해야만 한다. "무엇이 중요한가, 무엇에 초점을 두어야 하는가, 그리고 우리는 훌륭한 수행이 무엇이라고 기대하는가."(Herman, Aschbacher, & Winters, 1992: 3)에 초점을 맞추어야 한다.

- **운영 요인과 교육적 요인 양면이 평가에 포함되어야 한다.** 운영 요인은 학교 전체를 통괄하여 탄력성을 증가시키기 위해 동기부여와 협동을 증가시키려는 구조적인 역할의 수정안이다. 교육적 요인은 학생을 위한 탄력성 증진을 목표로 하는 수업과 교과과정의 수정안이다. 참여자는 양측 수정안이 발생하는 범위를 알고 있어야만 한다.
- **가장 적절한 사정도구를 사용해야만 한다.** 아이디어는 예상한 것과 같은 과정이나 성과물이 나오는가를 찾아내는 것이다. 표준화된 도구들은 초점을 맞추거나 이러한 욕구를 충족시킬 정도로 유연성이 없을 가능성이 높다. 더욱이 충분한 훈련을 하고 적절한 사정 접근과 도구들(예, 면담, 설문지, 관찰, 기록의 검토, 초점집단)이 개발될 수 있다면, 그것을 만든 사람은 그것들을 이해하고 포함된 과정에서 지원적일 가능성이 높다. 지도하는 원칙은 우아함이 아니라 효과성이다.

- 과도한 공포와 불안으로 이끌어서는 안 된다. 만약 결과를 얻기 위해 여러 차례 수정되어야 하는 중요한 변화 활동에 자신이 참여한다는 것을 조직의 모든 수준의 참여자들이 이해한다면, 더 많이 노력해야 할 필요가 있다는 결과가 나왔을 때 평가가 반드시 징계의 두려움으로 연결되지는 않는다. 이것이 변화과정에서 참여의 본질이다. 평가는 평가방법이 어떻게 수행되는지를 배우는 것에 관해 과도하게 불안을 조장해서도 안 된다. "단순함을 지켜라, 멍청아(Keep it simple, stupid)."라는 KISS 원칙을 준수하고, 구성원의 시간과 우선순위가 지나치게 침해당하지 않도록 기술적이고 행정적인 도움을 주는 것이 좋다.

앞서 묘사된 단계를 포함하는 연구 패러다임의 출현으로 교사와 그 밖의 교직원은 학교를 위해 유용한 지식 생성자로서 자신의 가치를 점점 인정하고 있다. '실천가 연구'라 명명된 이 모델은 교직원이 이미 한 과정들, 즉 현재 상황을 사정하고, 상황을 개선하기 위한 변화들을 결정하고, 개입의 결과를 평가하고, 또 다시 역동적 변동을 시작하는 과정에서 좀 더 체계적으로 변화하기를 요구한다([그림 5-4]). 실천가 연구는 자신의 학교를 연구의 초점으로 활용하는 실천가들이 수행하는 '내부자적 연구'다.

> 이것은 반영적인 과정이지만, 신중하고 체계적으로 수행된다는 점에서 고립되고 즉흥적인 반영과는 다르다. …… (그리고) 실천가들이 특정 상황에서 역점을 두고 수행하기를 바라는 일부 행동이나 행동의 주기를 지향한다(Anderson, Herr, & Nihlen, 1994: 2).

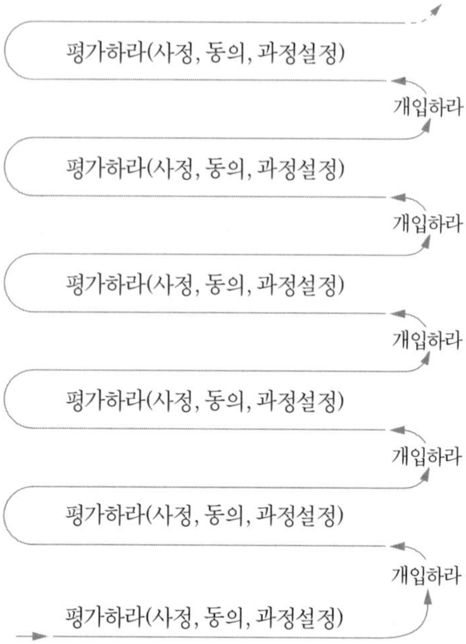

[그림 5-4] 실천가를 위한 행동연구 주기

출처: Anderson, Herr, & Nihlen, 1994에서 인용

대학에서 생성된 지식이 교육자를 위한 유일하게 유용한 형태연구라는 견해에 도전하고 탄력성 증진에 유용한 교육자-학생의 역량 강화라는 또 다른 영역을 제공하면서, '연구자로서의 교사' 는 전통적인 직원 개발 모델을 향상시키거나 대체하고 있다.

지속적 접근과 탄력성 모델

중요한 탄력성 향상의 변화들을 추구하고 동의하는 것은 하나의 일이다. 그러나 변화가 지속적인 접근이나 제도화되는 것은 아주 다른 일이다. 학생, 교육자 그리고 학교를 위한 변화—생활양식으로—가 지속적으로 실행되기 위해서는 지속적으로 점검하기, 수정하기 및 장려하기가 요구된다. 이것을 학교문화에 스며들게 하는 것은 연관된 모든 사람의 책임이다. 더 나아가 학교와 구성원을 위한 변화가 생활양식이 되는 데는 아마도 5~10년 이상의 시간이 필요하다는 것을 이해하는 것이 중요하다(Fullan, 1991). 이는 많은 학교가 '임시수단으로라도 빨리 고쳐라!' 하는 전형적인 접근에서 좀 더 현실적이고 장기적이며 포괄적인 접근으로 중요한 사고방식을 전환하도록 요구할 것이다.

이러한 변화는 어떻게 발생하는가? 무엇보다도, 탄력성 증진은 지속적이고 일정하며 초점을 맞춘 관심이 장기적으로 필요한 지속적인 활동임을 이해할 필요가 있다. 사실상, 이 장에서 묘사된 6단계의 변화과정은 [그림 5-4]에 묘사된 것처럼 일련의 재순환 활동들로서 가장 잘 제시될 수 있다. 현상의 명확한 이해는 긍정적 변화를 이끌게 되는데, 이는 순서대로 새로운 일련의 현상 명확성을 요구하고, 긍정적인 변화를 가져오려는 노력을 더 많이 하게 한다. 학생과 교직원은 오랫동안 지속적으로 도전과 스트레스에 직면하게 될 것이 확실하다. 따라서 학교에서 탄력성 증진 요인들이 존재하는 정도가 지속적으로 사정되고, 이러한 도전들에 직면하여 학생과 교직원이 탄력성을 촉진하도록 개선해야만 한다. 이러한 사정과 개선의 지속적인 주기가 없다면, 종종 부적응이나 역기능적 대처 유형이 탄력성 발달을 대체하게 된다.

맺음말

제5장은 학교의 통합된 일원으로서 학생과 교육자에게 탄력성이 발달하도록 학교를 변화시키려는 기본 접근 방법을 제공한다. 핵심은 현재 상황을 이해하고 동의하는 것이고, 그러고 나서 탄력성 개발에 기여하는 적절한 변화를 이루도록 지도하는 데 있다. 동일한 구조가 학생과 교육자, 학교 전반의 탄력성 증진을 사정하고 개선하는 데 활용될 수 있다.

당신은 소개된 단계들을 어떻게 적용할 수 있는가? 제6장은 학교와 학군 전체가 실제로 이러한 과정을 집행해 온 예시들을 보여 줌으로써 어떻게 당신이 변화과정을 실행할 수 있는가에 초점을 둔다. 제7장은 개별 학교들에서 개발되어 온 특정 탄력성 증진 '산물'의 예시를 제시한다. 마지막으로 제8장에서는 당신의 학교에서 탄력성 증진 과정을 실제로 시작하고 유지하는 데 사용할 수 있는 아이디어와 활동의 '도구상자'를 제시한다.

활동 과제

1. 당신의 학교에서 탄력성 바퀴 위의 여섯 가지 탄력성 증진 요인에 관해 다른 사람과 정보를 나누라. 〈표 5-1〉을 나누어 주고 그들에게 여섯 가지 영역의 각 부분에서 이미 무엇이 수행되고 있는가와, 학생과 교육자 및 학교 전체에 대해 중요하게 변경해야 하는 것이 무엇인지를 탐색하게 하라. 이 활동은 당신의 학교에서 탄력성의 현재 상태에 대한 기본적 합의가 존재하는지와 탄력성 증진 활동에 좀 더 참여하려는 헌신이 존재하는지를 판단하는 데 도움이 된다.

2. 제8장의 끝에 제시한 학교 탄력성 증진을 사정하는 사정 설문지([그림 8-2])를 교내 성인을 대상으로 수행하라(그리고 적절하다면 그것을 학생 또는 학부모에 맞게 수정하라.). 이 장에서 묘사한 것과 같은 '설문조사 피드백' 모임을 조직하라.

3. 제5장에서 기술한 여섯 가지 변화 과정 단계와 관련된 여러분의 조직에 존재하는 기술과 지식을 결정하기 위해 학교공동체의 성원들을 조사하라. 설문조사의 결과를 토대로, 당신은 이 장에서 설명한 과정을 지도하기 위한 팀 구성을 결정할 수 있다.

4. '연구자로서의 교육자' 개념을 동료들과 논의하라. 연구자-전파자 모델로서 대학의 경계는 무엇인가? 당신의 학교에서는 잘되는가? 당신의 학교에서 교육자가 실천가 연구에 참여하기 위해 필요로 하는 부수적인 기술과 자원은 무엇인가?

제6장

실행 중인 변화과정

조기 기회는 학교에서 재구조화하려는 모든 노력을 위한 토대가 되었다. 탄력성 문제를 보았던 우리의 모임들로부터 …… 우리는 학교에서 환경, 수업, 교수법을 개선하기 위해 우리가 해야만 하는 것의 토대로서 그것을 가지고 있었다.

〈어떻게 학교가 탄력적인 아동을 만드는가:
앨버커키 공립학교 조기 기회 프로젝트〉 비디오에서
앨버커키 교장 린다 허드슨
(Henderson & Kinderwater, 1994)

제5장에서 간략히 설명한 변화과정을 적용하는 것이 제6장의 초점이다. 이 장은 변화과정에 대해 자세히 설명하고 있고, 어떻게 학교가 탄력성 증진 변화를 진행하는가에 관한 여러 모범 사례들을 탐색하고 있다. 46개 학교가 있는 뉴멕시코 주의 앨버커키 학군에서 나온 이 문제와 관련된 교훈들은 공동저자인 헨더슨(Henderson)이 주도한 3년차 프로젝트가 포함되어 있다. 이 프로젝트는 학교라는 조직에 탄력성 증진을 통합하기 위해 계획한 것이다. 이 장은 또한 당신의 학교에서 과정을 행동으로 옮기는 데 사용될 수 있는 질문을 제공한다.

앨버커키 공립학교 조기 기회 프로젝트

앨버커키 공립학교(Albuquerque Public Schools: APS)는 학생의 학업 성공을 목표로 하는 노력과 전반적인 학생의 안녕을 목표로 하는 예방과 개입의 노력을 통합하려는 역사적으로 도달하기 힘든 목적을 달성하기 위해서 미국교육부(U.S. Department of Education: USDE)로부터 1991년에 25만 달러의 지원금을 받았다. 구체적인 프로젝트의 목적은 청소년의 위험행동을 감소시키고, 이미 진행하고 있는 지속적인 학교 재구조화와 더불어 학생들의 탄력성을 증진하는 일에 관한 최근 정보를 통합하려는 것이었다. 프로젝트에 관한 정보는 두 가지 이유로 인해 이 장 전체에 포함되어 있다. 하나는 학군 전체의 탄력성에 초점을 둔 변화 시범의 모델을 제공하는 것이고, 다른 하나는 프로젝트의 성공과 개선이 필요하다고 확인된 영역들에서 다른 학교들이 도움을 받을 수 있도록 프로젝트에서 얻은 교훈들을 공유하려는 것이다.

비록 이 프로젝트는 학생 탄력성 증진에 초점을 두기 위해 기금을 받았지만(교육자 탄력성의 중요성과 연계에 대한 인식이 출현하기 시작했으므로), 기술된 교훈들은 학생이나 교육자 어느 편이든 탄력성 증진에 적절하다.

프로젝트 설계

1991년 가을에 APS 학생지원팀은 학군에 있는 모든 초등학교

(80개 이상)에 프로젝트에 참가지원을 하라는 초대장을 보냈다. 프로젝트 계획은 40여 개의 학교와 함께 2년 이상 일하는 것이었고, 3년차에는 지원금이 허용하는 만큼 많은 학교를 부가적으로 추가하는 것이었다. 1991년 가을에 20개 학교가 프로젝트에 흥미를 보이고 참여에 필요한 요건을 준수하겠다는 의지를 표명하는 지원서를 제출했다. 1992년에 20개 학교가 더 지원했고, 1993년에 6개 학교가 더 추가되었다. 필수요건은 학교행정가가 초기 3일간의 훈련과 계획 세션 및 추후 활동에 성실하게 참여하고, 다양한 학년 수준과 교내의 기능 대표, 학부모회로 구성된 각 학교의 팀은 역시 초기 3일간의 세션과 추후 활동에 성실하게 참여하는 것이 포함되었다. 추후 활동은 사정에 기초하여 행동 계획을 수립하는 것, 행동 계획에 포함된 구체적인 상호작용을 전달하는 것, 그리고 학교의 프로젝트 과정을 평가하는 것이 포함된다. 더욱이 이 팀들은 초기 세션에 참여한 후에 전체 교직원을 대상으로 최소한 두 시간의 훈련을 제공하게 했다.

프로젝트 진행

3일간의 훈련과 계획 세션은 하루 반나절 동안은 탄력성 연구와 탄력성 증진의 핵심 개념을 공유하는 데(팀에 반영하기와 정보를 처리하기 위한 시간과 더불어) 초점을 두었고, 나머지 하루 반나절은 학교가 탄력성 증진을 얼마나 잘하고 있는가를 사정하고 개선을 위한 행동과정들에 관하여 동의에 이르는 데 초점을 두었다. 다른 프로젝트 참가 학교의 교사들로부터 어떻게 그들이 탄력성 정보를 사용하여 학교를 변하게 만들었는가를 듣는 일은 2년차, 3년차 프로젝트의 초기 3일간의 과정 안에 포함되어 있다.

전체 팀이 비공식적으로 〈표 5-1〉과 유사한 형태로 기입된 탄력성 증진의 여섯 가지 요소들을 토론하는 동안, 사정과정은 학교 팀 활동 중에 기록 담당자로서 활동하는 누군가에 의해 수행되었다. 각 팀은 '우리가 이 영역들 중에서 잘하는 것은 무엇인가?', '무엇을 더 잘할 수 있는가?', '어떻게 그것을 할 수 있는가?' 와 같은 질문에 초점을 맞추었다. 이 시점에서 팀에는 그들을 돕기 위한 '학교 탄력성 증진 사정하기([그림 8-2])' 라는 제8장에 포함된 사정양식과 유사한 설문지가 주어졌다. 가능하다면 이미 진행되는 재구조화와 통합하면서, 팀들은 학교에서 탄력성 증진을 증가시키는 행동과정에 관한 잠정적인 동의에 도달하게 된다. 그들은 또한 어떻게 그들의 목적을 달성할 것인가에 관한 잠정적인 행동계획도 수립했다. 대부분의 학교 팀이 학교에 돌아가서 교직원들로부터 부가적인 투입을 얻을 필요성을 인식하였기 때문에, 3일간의 훈련과 계획 세션에서 사정, 동의 및 행동계획은 잠정적이었다. 학교 팀들은 그들이 제공하게 될 탄력성 정보를 공유한 후에 사정, 동의 및 그들이 마련하게 될 행동계획 과정에 관한 좀 더 깊이 있고 학교 전반에 영향을 주는 계획을 세우기 위해 3일간 세션에 할당된 시간을 사용했다. 학교에 돌아가서 그들은 제5장에 기술된 탄력성 중심의 변화과정을 감시하는 위원회의 위원이 되었다.

프로젝트 평가

프로젝트는 기금 지급 기관의 유일한 필수요건인 과정 평가를 포함했다. 프로젝트의 끝에 수행된 평가는 프로젝트 학교들을 대표하는 초점집단들과 프로젝트에 가장 참여를 잘한 교직원이 기입해야 한다는 지시와 함께 프로젝트에 참가한 학교마다 보내진 설문지가 사용되었다. 평가의 초점은 프로젝트의 목적에 익숙해진 교직원의 수, 교직원이 프로젝트가 유용하다는 것을 어떻게 알게 되었는지, 그리고 앞으로 초점이 될 교직원이 확인한 탄력성 증진 영역들을 파악하는 데 있었다.

이 장의 뒷부분에는 개별 프로젝트 학교들이 그들에게 더욱 유익하도록 이러한 평가를 보완했던 방식뿐만 아니라, 평가를 수행하면서 프로젝트에서 얻은 그 밖의 교훈들이 제시되어 있다.

지속적인 접근

3일간의 훈련과 사정에 덧붙여서, 프로젝트 학교들은 헨더슨과 다른 학군의 학생지원팀 직원으로부터 지속적인 자문과 함께 학교들이 프로젝트에서 무엇을 하고 있는지, 훈련과 관련하여 시행될 것은 무엇인지에 관한 회보를 받았다. 지속적인 접근의 필요성에 따라 프로젝트 학교들이 원하는 것을 토대로 해마다 두 번의 추수 훈련도 제공되었다. 프로젝트의 2년차와 3년차에서는 탄력성 증진 개입을 운영하는 데 뛰어난 학교들이 초기 3일간의 훈련과 추수 훈련에 초청되어 자신들이 수행한 것을 발표하였다. 또한 다른 학교를 방문하고 실제 현장에서의 성공적인 개입을 관찰하며, 다른 학교 교직원들에게 구체적인 개입에 관해 현장 서비스를 제공하는 학교 팀들에게 현금이 제공되었다.

프로젝트 반복

몇몇 학군들과 뉴멕시코 주의 다른 지역 및 다른 주에 있는 개별 학교들은 각 특정 학군과 학교에 가장 유익하게 하기 위해 필요한 수정을 한 후 APS 프로젝트를 반복했다. 많은 학군은 이 프로젝트를 위한 재정을 마련하기 위해 연방의 안전하고 약물 없는 학교(Safe and Drug-Free Schools)나 타이틀 I(Title I: 초등교육과 중등교육 관련 방안-역자 주) 기금 또는 양쪽을 모두 활용했다. 산타페 공립학교는 지역 사단법인에 기금 제안서를 제출하여 그들의 탄력성 프로젝트의 재정을 충당했다.

자신의 학교에서 탄력성 중심의 변화 주도하기: 준비 정도 판단하기

APS 프로젝트의 설계는 학교들이 탄력성과 관련된 학습과 변화과정을 시작하기 전에 일정 수준의 준비가 되었다는 것을 확실히 했다. 학교 행정가를 포함하여 학교에 있는 여러 사람들은 지속적인 과정에 동의하는 지원서에 서명했다. 학교나 학군에서 유사한 과정을 마련하려 할 때 변화를 위한 준비 정도를 평가하는 것은 중요하다. 다음은 준비 정도를 평가하기 위해 유용한 질문들이다.

- 이 학교의 직원과 행정 절차는 탄력성 중심의 변화과정의 시작에 얼마나 개방되어 있는가?

- 준비 정도를 향상시키기 위해 무엇을 할 수 있는가?
- 다른 변화의 주장이나 이 학교의 특수한 도전에 의해 사람들은 압도당하는 느낌을 받는가?
- 탄력성 문헌을 공유하고 우리의 학교를 탄력성 증진 과정에서 좀 더 효과적으로 만들어 가기 위해 어떤 경로를 취할 것인가 하는 전략을 짤 때, 누가 비공식(또는 공식) 지지 집단이 되어 나를 도와줄 수 있는가?

APS 프로젝트에서, 사람들은 초기 3일간의 훈련과 계획 세션에 참석했던 팀으로 구성된 지지체계를 유지하고 있다. 프로젝트 팀들은 학교로 돌아와서 장기적인 탄력성 중심의 변화과정을 위해 보충(buy-in)하려고 자세한 계획을 세우려 할 때 이러한 질문과 씨름했다. 교장이 심각한 만성질환(수개월 넘게 학교에 오는 것과 병원에서 지내는 것을 교대로 하는)으로 고통받고 있는 한 학교의 팀은 그들이 이 시점에서 할 수 있는 최선은 이 어려운 도전을 해결하려 했던 자신들을 보듬어 주는 것이라고 판단했다. 여러 다른 학교 팀들도 그들의 학교에서 이미 자리 잡은 학교 전반의 주도적인 활동—협동적인 학습, 다양한 지능 중심 학습의 진행, 학교에서 학부모의 참여 증가, 대안적인 사정 진행, 그리고 특수교육 학생들의 통합을 위한 업무—은 탄력성 증진과 연결되어 있으므로 학교를 위한 최선의 접근은 단순히 이러한 프로젝트들을 확장시키는 것이라고 정했다.

제5장에서 기술된 설문조사 피드백 절차는 준비 정도를 증가시키는 한 방법이다. 이 방법에서 당신은 탄력성에 관한 일부 정보를 공유하고, 다음에 제8장에 포함된 학교 탄력성 증진 사정하기([그림

8-2])를 사용하여 사정하거나, 〈표 5-1〉을 사용하여 제5장에 기술된 것처럼 공식성이 약한 과정에 참가하는 것으로 정할 수 있다. 프로젝트에 참가한 여러 학교 팀들이 사용했던 또 다른 전략은 탄력성 증진에 도움이 되는 학교에서 이미 발생된 것들을 강조하고, 수개월에 걸쳐 탄력성 문헌의 내용들을 간략하게 공유하는 것이다. 이 과정의 어느 시점에서, 탄력성에 관해 공부하는 이 집단의 구성원들은 앞으로 관심을 갖고 개선해야 할 분야들을 '자발적으로' 탐색하게 될지도 모른다.

준비 정도를 발전시키는 비효과적인 접근은 책을 읽거나 학회나 연수에 참여하고, "여러분, 여기서 변화시켜야 하는 무슨 일이든지 하십시오!"라는 태도로 학교로 행진하는 것이다. 사람들은 자신이 하고 있는 것이 잘못되었고 전적으로 다른 변화과정이 필요하다는 암시 때문에 이러한 접근에는 즉각적으로 저항한다. 앞서 언급된 좀 더 효과적인 전략은 탄력성 증진과 학교에서 진행 중인 다른 주도적인 활동을 연결하는 것이다. 많은 프로젝트 참여 학교에서, 탄력성 문헌의 이해는 이전에는 '열정이 없었던' 학교공동체의 사람들이 이러한 시범 활동에 더 많이 참여하도록 했다. 탄력성 중심은 이러한 주도적인 활동을 위한 욕구에 새로운 빛을 주었다.

초기의 정보 공유

학교가 얼마나 탄력성 증진을 잘하고 있는가를 사정하려면, 교내 집단은 기초가 되는 연구와 이론들을 이해해야만 한다. APS 프로젝트에서 이러한 정보 공유는 여러 가지 방식으로 이루어졌다. 앞서 지적한 것처럼, 프로젝트 학교들은 초기 3일간의 훈련과 계획 세션에 참석했던 다양한 학년 수준과 다른 역할, 학부모를 대표하는 8명 정도로 구성된 팀을 선발했다. 지원 공고에서 설명되었듯이, 학교가 프로젝트의 일원이 되기 위한 필수조건의 하나는 학교 팀들이 학교에 돌아가서 나머지 교직원들과 최소한 2시간 동안 정보를 공유하는 것이었다. 실제로 프로젝트의 사후평가에 따르면, 46개의 모든 학교에서 거의 90%의 교육자들이 이 최소 교육에 참가했다는 것을 알 수 있다.

어떤 학교 팀은 이 정보를 학교의 다른 교사와 학부모, 학생집단에게 발표하기 위해 창조적인 방식을 계획했다. 다른 팀들은 정보를 발표하기 위해 도움을 줄 수 있는 헨더슨을 프로젝트 감독관으로 선출하거나, 그들 학교에 외부 강사를 데리고 오기도 했다. 장기적인 탄력성 중심 변화 프로젝트를 집행하는 데 대부분 성공한 일부 학교들은 작은 훈련 기준들을 학교에 다니는 동안 매주 또는 매달 제공했다. 이 중 어떤 것은 15분 정도의 간략한 것이고, 다른 것들은 45분 이상 소요되는 것이었다. 이러한 활용 방식이 변화를 위한 준비 정도를 향상시켰다. 이것은 처음에는 분명하게 보이지 않았던 다른 학교의 주도적인 활동과의 연결을 분명하게 해 주기도 했다. 단지 2시간 훈련의 최소 필요조건만을 제공했던 학교와 비교해 보면, 이러한 학교가 역시 학교의 사람들 대부분을 '동참하게' 하는 데 가장 성공적이었다.

다음의 질문에 대한 응답은 초기의 탄력성에 관한 정보 공유를 계획하는 데 유용하다.

- 나(또는 우리)는 흥미를 유발시킬 것으로 무엇을 강조할 수 있는가?
- 어떤 유형의 훈련이 가장 잘 받아들여질 것인가?
- 나(또는 우리)는 이것에 관해 이야기할 수 있는 외부 강사를 데려오려는 시도를 해야 하는가?
- 나(또는 우리)는 이미 계획된 어떤 것에 일부 탄력성 중심 정보를 슬쩍 끼워 넣을 수 있는가?
- 나(또는 우리)는 사람들이 좀 더 참여하도록 하기 위해 역할놀이나 곤란한 질문, 또는 경품 추첨과 같이 창조적인 방식을 활용할 수 있는가?

사 정

사정과정에 참여한 사람이나 집단이 많을수록 학교에서 잘되고 있는 것과 개선이 필요한 것의 현상 파악은 더욱 정확해지고, 많은 수의 개인이나 다양한 집단이 지속적인 변화과정에 헌신하게 될 가능성은 더욱 높아진다. 학교에서 탄력성 증진 상태를 가능한 한 정확하게 그려 내기 위해서 당신이 사용할 수 있는(제5장에 있는 제안 참조) 사정방식을 생각하라. 여섯 가지 탄력성 증진 요인의 목록을 나누어 주고 학생과 학부모, 교사에게 '이 학교에서 잘하고 있는 것은 무엇인가?' 와 '우리가 더 잘할 수 있는 것은 무엇인가?' 를 질문하는 것은 사정을 시작하는 간단한 한 가지 방식이다. 이러한 헌신의 기회가 주어졌을 때, 앨버커키에 있는 고등학생들은 과외활동 기회의 부족과 공정하고 일관성 있는 경계의 부족을 탄식하고 있었다. 개선을 위해 자신들이 만든 계획으로 학교 운영에 도전하려 했을 때, 학생들이 보인 가장 전형적인 반응은 왜 환영받지도 않는 노력을 시도해야 하는가였다. 이는 변화과정에서 학생이 의미 있는 참여를 할 수 있는 더 많은 기회가 절실하게 필요하다는 것을 지적하는 것이다.

비록 처음에는 두렵겠지만, 학생들이 상황 변화를 돕도록 요청되는 것과 같이 학생들의 의견을 구하는 것은 정확한 학교 상황을 파악하고 창조적 해결을 위해 이용되지 않은 커다란 저장소와 에너지를 활용할 수 있는 한 방식이다. 부모의 개입도 역시 동일하다.

APS 프로젝트 학교들 중 하나는 APS에서 이러한 프로그램이 빠졌을 때 프로젝트를 시작하기 전에 미술과 음악, 다른 과외활동들을 교육과정 속에 회복시켜야 한다는 욕구를 확인했다. 학교운영위원회에서 학부모가 동등한 목소리를 내는 것을 포함하여 학부모 공동체의 진정한 능력 강화를 통해, 학교는 그 목적을 달성하기 위한 자원 저장소의 문을 두드렸다. 학부모는 기금후원자와 모금을 위한 구운 빵이나 과자 제공자라는 전통적인 후원자 역할로부터 학습 중이나 방과 후에 다양한 미술 활동, 현장 탐방, 음악적 경험, 도서관 프로그램과 컴퓨터 연습실을 포함하는 학생을 위한 수많은 기회들을 제공하는 사람으로 이동했다. 그들은 이 학교공동체에서 교사와 학생과 함께 진정한 협력자라고 느꼈다고 보고했다.

학교에서의 탄력성 증진을 위하여 이용되지 않은 거대한 자원을 지닌 협력자로서 학부모를 동참하게 하는 것과 함께, 그들이 가정에서 탄력성 형성자가 될 수 있도록 탄력성 증진에 관한 정보를 제공하는 것도 중요하다.

동 의

만일 학교가 개방적인 의사소통이 가능한 분위기라면, 학교가 잘하고 있는 것과 탄력성 증진에서 개선되어야 할 것에 관하여 종종 광범위한 동의에 이르게 된다. 만일 불일치가 상당히 존재한다면, 변화과정의 첫 단계는 왜 사람들은 같은 상황을 그토록 다르게 바라보는가를 좀 더 이해하기 위해 토론을 지속하는 것일 수 있다. 비록 모든 사람이 모든 일에 동의할 수는 없겠지만, 대체로 모든 사람이 지속적인 변화과정에서 지원할 수 있는 어떤 일에 동의하는 일은 가능하다. 동의를 촉진시키는 한 방식은 대부분의 교직원(또는 더 나아가 직원과 학생, 학부모)이 관심을 보이는 특정 쟁점을 관찰하는 것이다.

앨버커키(Albuquerque)의 한 대안 고등학교의 교장은 학교에 있는 대부분의 교직원이 관심을 갖는 문제 중의 하나가 학생들의 출석이라는 것에 주목했다. 그녀는 이 관심을 학교의 다른 영역에 영향을 주는 잠재력을 가진 변화과정을 시작하는 좋은 기회로 보았다. 비록 탄력성 증진을 총체적으로 제기하는 것이 이상적이라 할지라도, 때때로 당신은 초기의 한 문제에 초점을 맞추고 그 이상으로 이동하려는 목적으로 당신이 시작할 수 있는 곳이면 어디에서든지 시작해야만 한다.

초등학교 중심의 APS 조기 기회 프로젝트에서, 대부분의 학교가 자신들이 잘하고 있다고 보고한 두 영역은 보살핌과 지지, 그리고 친사회적 유대를 위한 기회를 제공하는 것이었다(APS 프로젝트에 덧붙여 수많은 고등학교와 일하면서, 우리는 이러한 것들은 종종 고등학교 수준에서 가장 개선이 필요한 영역이라는 것을 발견했다.). 프로젝트 학교들이 가장 개선이 필요하다고 사정한 두 영역은 분명하고 일관된 경계를 설정하고, 생활기술을 가르치는 것이었다. 프로젝트 팀이 학교의 광범위한 공통적 일면들을 대표한다 할지라도, 거의 모든 프로젝트 팀은 전체 교직원이 현재 학교의 상황을 사정하고 학교가 가야만 하는 방향을 논의하며 탄력성에 관한 학습에 참여하기 전에는, 어떤 변화를 추구해야 하는가 하는 최종 합의에 도달할 수는 없다는 것에 동의한다.

당신의 학교에서 무엇이 잘되고 있는가와 어떤 변화들이 이루어져야 하는가에 관해 동의에 이르는 것에서, 이러한 유형의 과정을 촉진시키는 기술을 가진 학교 내 · 외부의 누군가를 활용하는 것은 의미가 있을 수 있다. 다양한 도구와 활동은 좀 더 효과적으로 동의에 이르도록 촉진하기 위해 활용될 수 있는데, 그 일부를 제8장에서 소개한다.

행동과정 설정

학교가 잘하고 있는 것과 어떤 변화가 탄력성 증진에 더 효과적인지에 관해 일단 동의하게 되면, 행동과정을 설정하는 것은 학교가 지금 있는 곳에서 이 과정에 참여한 사람들이 가야 한다고 동의한 곳으로 가는 경로를 지도로 만드는 것을 의미한다. 이를 수행하는 한 방법은 제8장에 자세하게 설명한 'STP' 과정을 사용하는 것이다. 학교가 지금 특정 관심 영역(현재 상황, present situation)의 어디쯤에 있는가를 신문지 크기 종이의 아랫면에 적어 보라. 달성된 결과로서 각 집단이 있기를 원하는 곳이 어디인지를 윗면에 적어라(표적, target). 그리고 현재의 상황에서 그 표적으로 가는 단계들에 관해 브레인스토밍하라(경로, path). 단계들을 모두 기록한 후에 우선순위를 정할 수 있다. 제8장에 포함되어 있는 세력 현장 분석은 어떤 세력이 제안된 변화에 긍정적으로 일하고, 어떤 세력이 그것에 저항하는지를 정확히 지적하는 데 도움이 되며, 유용하게 쓰일 수가 있다.

APS 프로젝트에서 얻은 중요한 교훈 하나는 사정과정과 실제 개입을 도표화하고 전달하는 과정 모두에 참여했던 '학교를 움직이는 힘'을 얻는다는 유익함이다. 그 힘은 학교운영위원회나, 학교개선팀, 학교재구조화팀 또는 다른 공식 목적을 수행하는 팀으로 발휘될 수 있지만, 현실적으로 '학교를 움직이는 힘'이다. 이러한 유형의 개입을 했던 프로젝트 학교들은 가장 의미 있는 변화를 달성했던 학교들이다. 중요하지 않은 위원회가 변화과정을 촉진하려 했던 다른 학교들은 덜 성공적이었다. 많은 APS 프로젝트 학교는 실제로 학교운영팀들을 초기 훈련에 보냈는데, 이것은 탄력성 개념을 학교의 다른 노력들과 통합하면서 시작부터 학교를 움직이는 힘이 동참했다는 것을 의미한다.

일부 학교들은 초기의 훈련과 계획 세션 기간에 학교 비전과 사명 선언문을 마련하는 과정에 있었고 탄력성의 핵심요소가 이 선언문에 포함되어야 한다고 정했다. 장·단기 목적은 학교 비전과 사명을 토대로 APS 학교들로부터 도출되기 때문에, 탄력성 증진을 이 선언문에 통합시키는 것은 장기적인 탄력성 중심을 유지하는 데 가장 성공적인 접근임이 증명되었다. 이러한 선언문들 중의 두 사례를 제7장에 제시한다. 일부 학교는 탄력성 증진을 학교의 중요한 관점으로 만들기로 정했다. 이것은 모든 학교에서의 중요한 결정과 변화는 탄력성을 향상시키는 잠재력 여부로 평가되었다는 것을 의미했다. 이러한 학교는 학생의 안녕을 학교라는 조직 속으로 엮어 내는 프로젝트의 목적을 완전하게 실현했다.

개입과정

APS 프로젝트 학교 세 곳의 간략한 사례는 실례를 들어 개입과정을 설명하기 위해서 여기에 포함되었다. 비록 프로젝트에 참가한 학교 대부분이 하나 이상의 개입을 진행했지만, 변화과정이라는 이 부분을 좀 더 분명하게 드러내기 위해서 단일 개입이 기술되었다.

사례 1: 탄력성 증진 학교 정책 마련하기

이 학교에서 3일간 훈련과 사정과정에 참가했던 팀은 학교의 학생 정책에 일관성이 없으며, 더욱 중요한 것은 학생이 곤경에 처했을 때 그들의 행동을 변화시키기 위한 어떤 노력도 하지 않았다는 점에 동의했다. 이 팀에는 학교운영팀의 성원들 중 여러 명이 포함되었는데, 이들은 전체 학교운영팀에게 돌아가서 이 문제를 보고했고 이것이 문제라는 데도 동의했다. 이 문제는 두 학교의 팀이 학생에 관한 관심사로서 제기하였고, 전체 교직원과 함께 논의되었다.

교직원들은 이 관심사에 동의했다. 학교 상담가는 조기 기회 프로젝트 팀으로부터 아이디어와 지원을 얻어서 이 상황을 도와줄 일부 개입 계획을 세울 것에 동의했다. 이러한 개입은 이후에 토론과 비판, 수정을 위해 전체 교직원에게 발표되었다.

상담가와 동료들은 학교정책을 향한 탄력성 중심 접근은 '나쁜' 행위에 개입하는 것만큼 '좋은' 행위에 대해 보상해야만 한다는 데 동의했다. 그들은 학기 동안 어떠한 학교규칙도 어긴 사람이 없는 학급을 위한 분명한 보상체계를 강조하는 정책을 개발했다. 그들은 규칙이 무엇인지를 분명하게 하고 사전에 규칙을 준수하는 데 필요한 기술을 학생에게 제공하는 탄력성 증진 과정을 제시했다. 구체적으로, 학교의 규칙을 어긴 학생은 누구라도 점심시간에 '책임실(responsibility room)'로 보내지는데, 여기서 또래 조정자(학교는 이미 훈련된 학생 조정자들로 구성된 적극적인 갈등조정 프로그램을 가지고 있었다.)는 어떤 이유로 그 학생이 학교규칙을 어기게 되었는가와 앞으로 같은 상황에 직면하게 되면 무엇을 할 것인지를 판단하는 데 도움을 주게 된다. 책임실에서 지속적으로 과정을 마친 학생들은 '기술건설자(skillbuilders)' 프로그램에 의뢰되어 보조 학생들과 학교 상담가가 앞으로 그들에게 도움이 될 기술들을 점심시간에 6주 동안 훈련받게 된다. 6주간 세션의 끝에, 학생들은 지역 업체에서 후원한 피자를 먹는 피자파티에서 학습한 것에 대해 격려를 받는다. 상담가는 기술건설자 프로그램을 이수한 후에 정기적으로 그들이 배운 기술들을 어떻게 활용하는가를 보기 위해 학생과 연락하게 된다.

계획은 여러 번 전체 교직원 회의에서 발표되고, 논의되며, 약간

씩 수정된다. 이 사례에서, 교직원들은 필요한 변화에 동의하고, 소모임 사람들—이 관심 영역에서 가장 전문적인 사업을 했던 학교상담가가 이끄는—에게 전 교직원에 의해 집행될 행동계획의 초안을 잡고 발표하는 권한을 준다. 1년 후에 학교 상담가와 교장, 교사는 책임실과 기술건설자 프로그램을 포함하는 새로운 교육정책이 전반적으로 학생의 행동을 개선하고 구체적으로 학교규칙을 위반하는 사례들이 감소하는 결과를 가져왔다는 것에 동의했다. 이 프로그램의 평가는 이 장의 끝에서 논의할 것이다.

사례 2: '행동기준' 마련하기

대체로 학교정책의 부재도 중등교육에서 변화가 요구되는 영역이었다. 초기 3일간 훈련과 사정과정 후에 학교로 돌아간 팀은 학교공동체의 모든 관련자로부터 그들이 확인한 이 문제에 대한 정보를 간곡하게 전하기로 했다. 그들은 학생들이 학교의 경계를 어떻게 인식하는지에 관해 학생들과 함께 학급토론을 활성화시켰고, 규칙이 교실마다 달라서 학생들이 혼란스러워한다는 유용한 보고를 받았다. 그들은 학부모에게 부탁하여 동일한 보고를 받아냈다. 그들은 이 문제에 관해 교직원들의 의견도 구했다. 가을 프로젝트 연수를 받은 다음 해 여름, 그들은 행동강령 초안을 마련하기 위하여 학부모 자원봉사자와 함께 일했던 교사 모임에게 수당을 제공하기 위해서 프로젝트 자금을 사용했다. 모임에서 강령은 학교공동체에 있는 모든 사람에게 적용되어야 하지만, 학생이 이해하기 쉬운 용어로 표현하기로 했다. 14문항의 '행동기준'이 여름 회의를 통해 마련되었다.

교사들은 이 기준을 승인한 후에, 교실에서 학생들로 하여금 기준마다 의견을 제시하고 명확하게 하기 위한 토론을 활성화했다. 이 기준들은 후에 학부모가 서명하고 학교로 되돌려 보낼 수 있도록 학생을 통해 집으로 보내졌다. 마지막 창의적 단계는 학생에게 14문항 각각을 표현하는 포스터를 만들라고 요청한 일이었는데, 이 포스터들은 학교 입구에 학생의 눈높이에서 눈에 띄도록 전시되었다. 이 사례에서도 역시 행동과정에 대한 동의에 도달한 후에 학교공동체는 개입 설명서 초안을 마련했던 소집단을 지원했다. 그러나 개입이 실제로 집행되었을 때 모든 사람이 다시 한 번 참여하게 되었다.

새로운 기준을 마련한 학교 상담가는 "이제, 학생이 학생을 돕고 있다."라고 말한다. "이전에 그들은 적절한 행동에 관해 물어보면, 종종 '모른다' 고 말했다. 이제 그들은 행동기준을 알고 서로서로 준수하도록 돕는다."(〈어떻게 학교가 탄력적인 아동을 만드는가?〉 비디오에서, Henderson & Kinderwater, 1994)

사례 3: 창조성 기회를 제공하기 위한 협력자가 되기

세 번째 프로젝트 학교에서, 초기 3일간의 훈련과 사정과정에 참석했던 팀은 탄력성 증진에 밀접하게 연계되어 있으므로 그들이 이 프로젝트 2년 전에 시작했던 개입을 지속하기를 바란다는 점에 동의했다. 이 학교 학생의 가족들은 대부분 경제적으로 열악했고 교직원은 비록 이러한 프로그램을 위한 기금이 학군에서 빠졌다 할지라도 학생들이 미술이나 음악, 다른 창조적인 활동을 경험하고 싶어 한다고 판단했다. 조기 기회 프로젝트에서 나누어 준 정보는 교직원이 창의적인 강의와 활동을 학생에게 제공하기 위해 음악과 미술 전공 대학생을 활용하면서, 뉴멕시코 대학교와 협력해야 한다는 추진 전략을 강화시켰다. 어떤 때에는, 대학생들이 정기적으로 강습을 해 주려고 학교로 왔다. 다른 때에는 대학교에 있는 악기를 강습에 사용하기 위해 초등학교 학생들이 그곳으로 갔다.

이 학교의 교장은 창의적인 강습과 의미 있는 학생 참여 기회를 더 마련하기 위해 지역사회 협력자를 찾는 학교의 지속적인 노력에 대해 논의하면서, "당신은 애걸하고, 빌리고, 훔쳐야 한다."라고 약간 재미있게 표현했다.

이러한 사례들은 학교가 탄력성 증진 개입을 위해 시도해 왔던 다양한 방식들을 제시한다. 당신의 학교에서 구체적인 개입을 정할 때, 당신은 이 학교들이 했던 것처럼 일단 필요한 행동과정에 관하여 동의하게 되면, 개입 설명서의 초안을 가장 잘 만들 수 있는 사람이 정해지기를 바라게 될 것이다.

비록 많은 프로젝트 학교가 학생과 학부모를 포함시켰지만, 대부분의 학교는 그들의 잠재력을 완전히 활용하지 못했다. '학생들이 이러한 개입을 설계하고 전달하는 데 참여할 수 있는 모든 방법은 무엇인가?', 그리고 '학부모가 참여할 수 있는 모든 방법은 무엇인가?'는 개입과정에서 해야 할 중요한 질문이다.

성인 중심의 개입

앞서 언급한 것처럼, 앨버커키 조기 기회 프로젝트는 학생 중심의 탄력성 증진 과정이다. 프로젝트에서 얻은 교훈 하나는 학생의 탄력성 증진 과정에서 교육자 탄력성에 역점을 두는 것이 중요하다는 것이다. 프로젝트는 제3장에서 언급한 위협적이고, 낙심한 또는 도덕적이지 못한 교육자는 효과적인 학생 탄력성 건설자일 수 없다는 지적을 확실하게 보여 주었다. 이 책의 목적 하나는 학교가 탄력성 증진 역량을 증가시키는 일에 참여할 때 학생과 교육자 모두에게 초점을 맞추도록 도와주려는 것이다.

평 가

이 장의 시작 부분에서 기술된 전반적인 프로젝트 평가에 덧붙여서, 프로젝트 학교들은 다양한 평가 기법을 사용했다. 사례 1에서 기술된 학교의 학교 상담가는 개인적 관심으로 평가과정을 담당했다. 그녀는 개입 진행의 사전과 사후에 학년 중에 발행된 훈육 의뢰 통지의 전체 수를 비교—기술건설자 프로그램을 거쳐 간 학생들에게 유용성에 관해 면담과 개입의 효과성에 관해 교직원이 관찰한 내용을 조사—하는 탐구를 했다. 사례 2에 기술된 학교도 교직원의 관찰을 평가 방식으로 사용했다. 좀 더 철저하고 정확한 평가는 학생과 학부모로부터 새로운 행동 강령에 관한 면담, 초점집단이나 설문조사로 모아진 의견을 포함하는 것일 수 있다.

사례 3에 나타난 학교의 예는 좀 더 어려운 평가라는 도전을 제시한다. 학교의 교직원들은 교내와 과외의 미술과 음악 활동 등 다양한 경험이 학생들에게 탄력성 증진을 지원하는 친사회적 방식으로 학교 및 상호 간의 유대감을 형성하는 기회를 제공할 것이라고 믿었다. 그들은 또한 일부 학생은 이러한 분야 중 하나에서 자기가치를 증진하는 능력을 발달시키게 되고 좀 더 나아가서 탄력성을 향상시키게 되리라고 믿었다. 이 학교의 교직원들이 싸워야 했고 당신도 학교에서 경험하게 될 질문들은 여섯 가지 탄력성 요인 각각의 평가와 연결된다. 그것은 다음과 같다.

- 우리가 성공했다는 것을 어떻게 알 수 있는가? (유대감 증가시키기, 생활기술 가르치기, 기대 설정과 일관성 있게 집행하기, 모든 학생에게 보살핌과 지지 제공하기, 모든 학생에게 높은 성공에 대한 기대 제공하기, 또는 모든 학생에게 의미 있는 참여 기회를 제공하기)
- 성공은 어떻게 보이고, 어떻게 느껴지고, 어떻게 들리는가?
- 우리는 어떠한 측정을 활용해야 하는가?
- 우리는 누구와 함께 그것을 사용해야 하는가?
- 우리는 언제 이러한 측정 도구를 사용해야 하는가? (이 과정에서 사용되는 유용한 양식인 탄력성 증진을 평가하기 위한 활동지([그림 8-4])는 제8장에 포함되어 있다.)

좀 더 정확한 평가 과정을 마련하기 위해서 학교 교직원뿐만이 아니라 학생과 학부모로부터 이러한 질문에 대한 의견을 듣는 것이 중요하다. 실제로 일부 학교는 효과적인 학급이 어떻게 보이고 들리고 느껴지는가를 기록하기 위해 카메라와 노트북을 가진 학생들을 외부로 보냈다(Anderson, Herr, & Nihlen, 1994). 이러한 접근은 여섯 가지 탄력성 증진 요소들의 어느 하나 또는 몇 가지를 더불어 사용할 수도 있다.

전반적인 프로젝트 과정 평가는 종종 학군을 위해 가장 유용한 자료를 제공하기보다는 자금 지원 기관을 만족시키기 위해 수행되었다. 돌이켜 보면, 좀 더 효과적인 평가는 증가된 탄력성이라는 용어로 학생과 교직원의 성과를 측정하기 위해 정해진 방식들(면담, 설문지, 이차적 자료와 인공물 등)이 있을 수 있고, 또한 탄력성 증진을 학교라는 조직으로 통합하는 과정에서의 효과성처럼 학생과 학부모의 관점을 포함시킬 수도 있다.

지속적 접근

앞서 언급한 것처럼, 탄력성 증진이 학교의 중점 목표 속에 통합된 APS 프로젝트 학교들은 학교의 '움직이는 동력'으로부터 보충되고 학교 비전과 사명 선언문에 포함시킨 것에서 알 수 있듯이, 프로젝트의 기금이 고갈되었을 때조차 탄력성 증진 변화과정을 유지했던 곳들이다. 그러나 거의 모든 프로젝트 학교는 프로젝트를 위해 3년간 그들이 받았던 지속적인 지원이 그들이 탄력성 중심 학교를 위한 변화를 유지하는 데 도움이 되었다고 보고했다.

USDE로부터 프로젝트를 위한 기금이 고갈되었을 때, 연방정부 수준에서도 한꺼번에 지원이 끊겼다. 학군의 학생지원팀 교직원들은 프로젝트 학교를 위해 지속적으로 지원해 주는 부가적인 방식에 관해 브레인스토밍했다. 헨더슨은 다른 연방 기관인 미국약물남용예방센터(U.S. Center for Substance Abuse Prevention: CSAP)에 다른 형태의 프로젝트인 600명 정도가 모이는 탄력성 중심 학술대회를 위한 기금 제안서를 제출했고, 결국 재정 지원을 받았다. 이 학술대회는 전국의 중요한 탄력성 연구자들뿐 아니라 APS와 모범적인 탄력성 증진의 전략과 프로그램을 개발해 왔던 다른 학교의 특징을 보여 주기 위해 기획되었다. 1995년 1월에 개최된 학회 '청소년들을 위험에서 탄력성으로 이동시키기'에 재정을 지원한 이 기금을 통해, 탄력성 증진을 위한 일부 형태의 공식적 학군 지원이 1년 연장되었고, 더 많은 학군의 교육자들이 탄력성 증진 개념을 생각하게 되었다.

창조성은 지속적인 변화과정을 유지하는 데 결정적이다. 성공적인 변화과정은 3~6년 이상 걸릴 수 있기 때문에 필요한 자금과 훈련, 다른 자원들을 가진 추진력을 유지하는 것은 도전이다. '우리는 이 과정에 포함된 학생과 교직원, 학부모를 어떻게 장기적으로 지원할 수 있을까?'는 중요한 질문이다. 비록 종종 간과되기는 하지만 '우리는 기업이나 사회서비스 조직과 같은 지역사회의 다른 협력자들이 우리의 장기적인 노력을 지원하도록 활용할 수 있는가?'라는 질문 역시 중요하다. 많은 APS 프로젝트 학교는 지역업체 협력자들에게 그들이 이전에 해 왔던 음식이나 티셔츠만을 제공하는 것보다 교직원과 학생의 탄력성 증진에 좀 더 적극적인 역할을 담당하도록 요청했다. 탄력성 증진을 개선하기 위해 함께 협력하는 것에 관한 하루 동안의 교육은 프로젝트의 마지막 달에 프로젝트 학교와 그들의 기업 협력자에게 제공되었다. 이는 학교의 프로젝트 재정 지원이 끝났을 때 탄력성 중심을 유지하기 위해서 기업 자원을 활용하려는 것이 목적이었다.

맺음말

이 장에서는 학군 전체와 여러 개 개별 학교들이 제5장에서 기술된 변화과정을 어떻게 사용했는가를 기술하고, 부가적으로 탄력성 중심의 변화과정 주도하기에 관해 자세하게 설명했다. 또한 집행과정으로 이끌기 위해 물어볼 수 있는 질문들이 포함되어 있다. APS 프로젝트 학교들에서 그랬듯이, 전 과정에서 개별 단계는 여러분의 학교의 특정 상황에 맞추어져야만 한다는 것을 보여 준다. 이 장에 포함된 질문들에 답하고, 제7장에 포함된 학교가 집행했던 개입의 구체적인 사례들을 살펴보고, 제8장에 있는 과정 도구들을 사용하는 것은 이 시점에서 당신이 학교를 위해 가장 적절한 탄력성 중심 변화과정을 촉진하는 데 도움이 될 수 있다.

활동 과제

1. 당신이 생각하기에 탄력성 증진을 지원할 것 같은 동료들을 찾아 보라. 제5장에서 논의된 변화과정의 각 단계들과 제6장에 있는 사례들에 관한 정보를 함께 탐구하라. 집단적으로, 변화과정과 관련된 질문들을 하나씩 대답해 보라.

2. 논의를 토대로, 당신이 촉진하고 싶어 하는 변화과정 6단계를 모두 포함하는 행동과정의 차트를 만들라. 당신이 시작하기를 꺼리는 것은 어떤 이유 때문인지, 그리고 어떻게 당신의 망설임을 극복할 수 있는지를 논의하라.

3. 학교에서 당신이 이 과정을 이끌어 가도록 좀 더 준비시켜 줄 수 있는 독서나 훈련, 그 밖의 활동들을 탐색하라. 당신이 원하는 것을 어디서 얻을 수 있는지를 논의하라.

제7장

실천에서의 탄력성 증진

거대한 변화는 작은 증식으로 발생한다. 이것은 우주비행처럼 생각하는 것이 유용하다. 발사 궤도를 아주 조금 변경함으로써 시간이 지나면 거대한 차이가 만들어질 수 있다.

Julia Cameron(1992: 144)

앨버커키 조기 기회 프로젝트에 참여한 학교들과 우리가 함께 일했던 그 밖의 학교들—이러한 접근들이 만들어 낸 인공물을 포함하여—에서 진행했던, 탄력성 증진을 향상시키는 구체적인 방식의 다양한 사례들이 이 장에 제시되어 있다. 이러한 사례들은 학교들이 선택했던 탄력성 증진을 위한 창조적인 접근의 일부에 불과하며, 당신의 학교에서 할 수 있는 창조적인 개입에 관한 사고에 자극을 주기 위해 포함되었을 뿐이다. 어느 특정 학교에서의 최선의 접근은 그 학교의 특별한 교육자와 학생, 그리고 공동체에 맞추어진 것이다.

이 장의 사례들은 제6장에서 설명한 것처럼, 교육자의 탄력성 증진은 학생의 탄력성 증진과 똑같이 중요하고 완전하게 연결된 초점으로 인식되고 있기 때문에, 주로 학생 탄력성 증진에 대한 접근들을 설명한다. 이러한 예들은 무엇보다 자세하게 설명된 가장 종합적인 접근들—학교 비전과 사명 선언문, 학교 전반의 훈육 정책, 그리고 탄력성 증진을 반영하는 학교 전반의 장려 프로그램—로 구성되었다. 학생지원, 갈등조정, 학교 운영에의 학생 참여, 그리고 탄력성 증진 학습전략들을 포함하는 좀 더 구체적인 프로그램과 방법들은 다음에 기술되어 있다. 이 장의 끝에 제시된 활동들은 당신이 학교에서 구체적인 탄력성 증진을 위한 접근을 개발할 때 도움을 줄 수 있다.

학교 비전과 사명 선언문

제6장에서 언급된 것처럼, 여러 학교들은 학교의 장기적 미래를 위한 초점이 된다는 확신으로 그들 학교의 비전과 사명 선언문에 탄력성 증진 요소들을 포함시키기로 결정했다. 두 가지 사례가 다음에 제시되어 있다.

마크 트웨인 학교

마크 트웨인 학교의 사명	
우리의 도전 과제는 학습 선호,	
긍정적이고 모두를 포함하는 환경,	[유대감, 보살핌]
자신과 타인의 수용, 그리고	[경계]

건전한 생활양식에 헌신하도록 양성하는 것이다. [높은 기대]

우리의 목적은 학생들이 다음과 같이 발달하게 하는 것이다.

- 그들은 책임감 있는 의사결정자다. [생활기술]
- 개인적 차이와 문화적 다양성을 인정하고 소중하게 여긴다. [유대감, 보살핌]
- 학교와 지역사회에서 의미 있는 참여를 한다. [의미 있는 참여]
- 그들의 잠재력을 최대한 실현하려고 노력한다. [높은 기대]

이 학교의 행정가들은 학부모와 학생들에게 학년 초기에 학교운영위원회에서 봉사하자는 요청과 함께, 탄력성 증진 메시지를 구체화시키는 편지를 보냈다.

환영문

사랑하는 학부모와 학생 여러분

여러분이 알고 있는 것처럼, 마크 트웨인은 특별한 장소입니다. 교사들은 혁신적이며 재미있고, 학생들이 다양한 프로그램들을 통해 학습을 즐기도록 양성합니다. 부모들은 교육의 중요성을 깊이 인식하고 학교에 직접적인 참여를 통해 헌신의 모범을 보입니다. 마크 트웨인의 학생은 서로의 장점과 단점을 수용하고 자신의 학습에 자부심을 갖습니다.

우리는 이 역동적 환경의 일부인 것을 자랑스럽게 여기며 마크 트웨인에서 탁월성의 높은 기준들을 유지하고 발전시킬 것을 선언합니다.

언제든지 찾아오셔서 여러분의 기대를 나누고, 칭찬하고, 관심을 가져 주시기 바랍니다.

교장, 엘리자베스 에버리트 박사
교감, 캐서린 스나이더 박사

킷 카슨 학교

킷 카슨 초등학교의 모토는 '아동이 최우선이기 때문에 아동이 사랑받는 곳!' 이다. APS 프로젝트 학교의 교직원들은 학교의 탄력성 중심 비전과 사명 선언문이 된 총체적인 신념목록(여기에 편집된 형식으로 포함된) 초안을 마련했다.

우리는 킷 카슨 초등학교에서 다음 사항들을 믿는다.

- 모든 아동은 배울 수 있다.
- 아동은 존중받아야만 한다.
- 아동은 실천을 통해 학습한다.
- 아동은 안전하고 긍정적이며 지지적인 환경 안에서 학습한다.
- 아동은 다른 속도와 방식으로 학습하는 개인이다.
- 아동은 격려받고 도전받아야만 한다.
- 아동의 자긍심은 더 나은 학습으로 이끌어 주는 그들의 강점을 인정함으로써 형성된다.
- 아동은 자신에 대해 좋은 감정을 가지고, 학부모가 자녀교육에 헌신할 때 가장 잘 학습한다.
- 아동은 많은 협력과 존중이 표출되며 자극이 되는 흥겨운 분위기 속에서 가장 잘 학습한다.
- 아동은 실험 기회가 주어지고 스스로 해결책을 발견하게 하면 가장 잘 학습한다.
- 아동은 자신의 학습에 대한 책임성이 있어야만 한다.
- 아동은 그들의 문화가 존중되고 학습과정에 통합될 때 가장 잘

학습한다.

- 아동은 각자 특별하고 독특한 자질이 있으므로 자신의 최고의 지능을 개발해야만 한다.
- 교과과정은 학생의 학습능력과 문화, 과거 경험에 따라 수정되어야만 한다.
- 아동은 가정과 학교 간의 연계가 있고 학부모가 적극적으로 아동의 학습과정에 참여할 때 가장 잘 학습한다.

훈육에 대한 탄력성 증진 접근

킷 카슨 학교

킷 카슨 학교의 교직원들도 역시 다음과 같은 APS 프로젝트에 참여한 후에 '예방적인 훈련' 을 위한 지침을 개발했다.

예방적인 훈련

우리는 학생이 적극적으로 참여하고 자주 의사소통을 하면 많은 훈육의 문제들을 피할 수 있다고 믿는다. 킷 카슨에서 사용된 예방적인 훈련의 일부 절차와 기법들은 다음과 같다.

1. 훈육을 교수과정의 나머지 부분과 분리하거나 동떨어진 것으로 생각하지 말라.
2. 모든 학생에게 순수한 관심을 보이고 긍정적인 것을 강조하라.
3. 아동에게 무엇을 기대하는가와 같이 잘 규정된 규칙들(공표된)을 마련하라.
4. 아동으로 하여금 자신에게 기대되는 것이 무엇인지를 알 수 있도록 모든 일에 일관성을 가져라(자료의 발표, 규칙 수행 등).

5. 타인에 대한 존중을 강조하라—교사, 학생, 성인, 소유물 등.
6. 아동이 다른 사람과 함께하는 좋은 일들을 공유하라(학부모, 행정가, 다른 교사 및 다른 아동 모두는 우리 아동의 성공에 관해 듣고 공유하기를 바란다.).
7. 협력적인 학교 전반의 [예방적인] 훈육 프로그램
   a. 적절한 행동을 한 학생들에게 황금종이표가 주어진다. 황금종이표 한 장—팝콘 교환권, 9주간 열 장의 황금 종이표—교장선생님과의 점심
   b. 9주가 지날 때마다 위반 통지를 받지 않는 학생은 상을 받게 된다.
   c. 갈등조정이 활용된다.
   d. 학교는 학생보조(TASA) 프로그램에 참여한다.

이 학교는 또한 확장된 '교정 훈육' 정책을 공식화했는데, 여기에는 여덟 개의 핵심 학교규칙과 위반통지의 수에 따라 취해지는 각 단계의 명확한 개요가 담겨 있다. 원래의 초점인 '예방적인 훈련'은 탄력성 증진 접근이며, 교정적인 훈육의 많은 필요성을 감소시키는 긍정적인 측면을 가속화한다.

킷 카슨에서 교직원 탄력성을 양성하기 위해 설계된 또 다른 창의적인 훈육 방식은 '짝꿍교사(Buddy teachers)'—어느 '교정 훈육' 상황이든 학교에서 다른 교사가 요청할 수 있는 사람들—라는 과제였다. 이 방식을 통해, 교직원은 긴장되고 스트레스가 많은 상황에서 서로 간에 보살핌과 지지를 형성했고 (좀 더 중립적인 제3자의 개입을 통해) 보살핌과 존중으로 학생들을 대우할 가능성이 더욱 높아졌다고 확신했다.

이스트 산호세 학교

이스트 산호세 학교는 모든 학생이 특정한 권리를 가지고 있다는 생각을 바탕으로 훈육 정책을 개발했고, 학생의 권리 목록을 공식화했다.

이스트 산호세 권리 목록

1. 모든 사람은 안전할 권리가 있고 아무도 다치지 않아야 한다.
   ___ 싸움, 차기, 때리기, 꼬집기나 밀치기는 사라질 것이다.
   ___ 학교에서 무기는 허용되지 않을 것이다.
   ___ 학생들은 적당한 시간에 정해진 자리를 지킬 것이다.
   ___ 학생들은 모든 장비를 적절하고 안전하게 사용할 것이다.
   처벌:
   1차 위반: 명상을 동반하는 타임아웃과 계약 [아래 참조]. 타임아웃 기간은 계약 완수로 판단된다.
   2차 위반: 명상을 동반하는 타임아웃, 담임이 학부모와 계약
   3차 위반: 명상을 동반하는 타임아웃, 학부모와 교장의 회의
2. 모든 사람은 존중받을 권리가 있다.
   ___ 적절한 옷차림을 한다.
   ___ 비속어는 허용되지 않는다.
   ___ 기물 파손은 허용되지 않는다.
   ___ 반항은 용납되지 않는 행동이다.
   처벌:
   1차 위반: 명상을 동반하는 타임아웃과 계약. 타임아웃 기간은 계약 완수로 판단된다.
   2차, 3차 위반: 학교 경찰이 개입할 가능성을 포함하여 위와 동일
3. 모든 사람은 약물을 사용하지 않을 권리가 있다.
   ___ 알코올과 마약, 담배는 사용되거나 허용되지 않는다.

처벌:

1차 위반: 학교 경찰과 학부모에게 연락, 상담가에게 의뢰, 교내활동 제한

2차 위반: 정학

4. 모든 사람은 행복해지고 사랑으로 대우받을 권리가 있다

___ 우리는 서로의 감정을 다치지 않게 할 것이다.

처벌:

1차 위반: 명상과 함께 타임아웃. 타임아웃 기간은 계약 완수로 결정된다.

2차, 3차 위반: 위와 동일

이 정책을 위반하는 학생은 이 학교의 '책임실'로 보내져서 학생 조정자(갈등조정에서 교육을 받은 또래)를 만나고 다음의 계약서를 작성한다.

나의 계약과 계획

1. 당신은 휴식 시간에 왜 여기에 있는가?

____

2. 그 행동에서 무엇이 잘못되었는가?

____

3. 다시 이 일이 발생하지 않도록 하기 위해 무엇을 할 것인가?

____

______________________________ 학 생

______________________________ 조정자

______________________________ 학부모

______________________________ 날 짜

안전, 존중의 권리, 건전한 생활양식 선택 및 공감을 포함하는 학생 권리의 긍정적인 선언을 토대로 훈육 정책을 공식화하는 탄력성 증

진 방식을 사용하는 것 외에도, 이스트 산호세 학교의 방식은 정책을 위반하는 학생이 학생의 역할 모델의 지원 및 격려와 더불어 앞으로 어떻게 문제에서 벗어나는가를 이해하는 의무를 받아들이도록 한다.

모든 학생을 위한 장려 프로그램

이스트 산호세 학교

탄력성 증진의 두 가지 다른 방식이 이스트 산호세에서 진행되었다. 학교는 모든 학생 탄력성은 학생마다 어떤 방식으로든 인정받을 기회를 제공함으로써 향상되어질 수 있다고 확신했고, 전통적인 '우등상(Honor roll)' 프로그램의 대안으로 '향상상(On a roll)' 프로그램을 마련했다. 이 프로그램에서 교직원은 학업이나 행동, 또는 출석이 좋아진 학생에게 수상한다. 이 학생들은 부모님이 참석한 전교 회의에서 '성공으로 가는 향상상' 으로 인정받는다. 그들은 상을 받고, 그들의 이름은 교내 식당에 게시된다.

이스트 산호세의 '똑바로 걸어라(Walk Tall)' 프로그램은 학교가 가능한 한 많은 학생을 인정하는 또 다른 방식이다. 학교의 교사들은 학생들의 책임성이 증가하거나 그들이 서로에게 존중을 표현하고 공손하게 행동하는 것을 알게 되면, 다음에 제시된 양식을 나누어 준다. 학생들은 다섯 개의 표를 받게 되면, 학교에 보관된 '똑바로 걸어라' 라는 책에 서명을 하게 되고 아이스크림 모임과 같은 축하파티에 참석한다.

책임성	
이스트 산호세 상	
____학급 일	____행동
____과제	____소유물과 준비

존 중	
이스트 산호세 상	
____친절	____도와주기
____팀워크	____공손함

예의 바름	
이스트 산호세 상	
____회의	____카페테리아
____교실	____놀이터

클리블랜드 중학교

몇몇 중학교는 '향상상' 개념을 지역사회의 업체와 기관을 포함시키는 개념으로 확대시켰다. 앨버커키의 클리블랜드 중학교의 교감은 학생들에게 모든 학생이 인정받고 보상받을 기회를 주는 이런 유형의 학교 프로그램에서 상으로 가장 받고 싶은 것은 무엇인가를 질문했다. 학생들은 무료 영화권, 좋은 음식점에서의 무료 식사, 리무진 승차, 지역 업체에서의 할인과 같은 매력적인 상품 목록을 만들었다. 행정가와 교직원은 그러한 상품을 발굴하기 위해 지역사회 곳곳을 찾아다녔다. 성적을 1점 올리거나 학기 중 출석이 좋아진 클리블랜드의 모든 학생은 공개적으로 그들의 성과를 인정받고, 그들의 이름은 받고 싶은 상품을 위한 추첨함에 넣어진다. 학생 전체가 바라보고 있을 때 점심식사를 위해 지역 음식점으로 학생을 데리러 가려고 학교 앞에 리무진을 대기시키는 것은 클리블랜드의 학생들이 원하고 모든 학생이 잠재적으로 받을 수 있는 보상을 제공한다는 점에서 교직원의 창조성을 보여 준다. 학교의 한 상담자는 "나는 이 프로그램에 참여하겠다고 서명한 우리의 '문제아들'이 얼마나 많은지를 보고 놀랐다."라고 말했다. 이는 자신의 성공을 이루려는 거의 모든 사람이 가진 욕망에 대한 또 다른 증거다.

건강을 손상시키는 훈육 위반에 대한 보살핌 접근

학교의 개입('케어' 또는 '코어') 팀은 학교의 훈육 정책을 심각하고 반복적으로 위반하여 의뢰된 학생들을 어떻게 다루는가? 여러 학교가 이러한 상황에서 학생 탄력성 증진을 지지하는 두 가지 결정적인 접근은 집행했다. 첫째, 개입 팀은 학생의 문제뿐만 아니라 강점에 초점을 두었다. 문제와 강점을 탐색하기 위한 동일한 공간이 마련된 의뢰 양식은 학생의 강점을 위험이나 문제와 동일한 비율로 찾아내고 확인하도록 도움을 준다. 그러고 나서 팀은 학생에 관한 토론에서 다음의 질문을 한다. '우리는 이 사람의 강점을 문제해결에 도움이 되도록 어떻게 활용할 수 있는가?'

두 번째 접근은 학생이 자신의 문제에 대해 도움을 받았는지 확인하는 것을 포함한다. 학교에서는 학생이 며칠 또는 몇 주 후에 학교로 다시 돌아오면 어떻게든 '나아질' 것이라고 가정하고 그들을 너무나 자주 교문 밖으로 내몬다. 실제로는 탄력성 바퀴에 그려진 보호망이 증가되지 않고는 학생의 문제는 악화될 가능성이 높고 학생의 건강뿐 아니라 학교공동체 전체의 건강도 고통받게 될 것이다. 많은 학교가 채택한 탄력성 증진 방식은 학교로 돌아오는 규정으로서 학교 안에서나 전문가를 교육하는 외부 기관의 관리하에 알코올이나 약물, 그 밖의 중요한 문제의 사정을 요구하는 것이다. 이러한 접근이 없다면 학생과 전체 학교공동체의 탄력성은 감소될지 모른다.

포조아크 밸리 학군

뉴멕시코 주의 포조아크에 있는 포조아크 밸리 학군의 물질남용 예방과 개입 정책에 첨부된 다음과 같은 철학의 선언은 학생지원에 관한 탄력성 증진 방식을 보여 준다.

> 포조아크 밸리 학군은 알코올과 그 밖의 약물 사용 및 남용을 치료할 수 있는 건강 문제라고 인식한다. 청소년의 건강 문제는 일차적으로 가정과 지역사회의 책임이다. 그러나 학교는 사용, 오용, 남용 및 중독 문제는 종종 학교에서의 행동, 학생의 학습, 각 학생의 최대한의 발달과 충돌하기 때문에 책임을 공유한다. 학교는 물질 사용, 오용, 남용의 뚜렷한 신호를 보이는 학생에게 개입하며, 그들을 교육하고 적절한 서비스를 받을 수 있도록 도와주기 위해 조화를 이루며 일관된 노력을 할 것이다.

물질남용 정책 위반에 대한 처벌은 2일간 정학으로 명시되어 있다.

교장, 학부모/보호자, 학생은 케어 팀에서 필요하다고 판단한 그 밖의 사람들과 함께 회의를 열기 전에는 돌아올 수 없다. 약물 금지 계약은 학생이 서명하고 학부모/보호자가 보증할 것이다. 재복귀의 일부로서 학부모는 케어 팀의 권고사항을 준수해야만 한다. 이것은 지역사회 서비스, 전문적인 약물 사용/남용 평가, 상담 등이 포함될 수 있다. 학부모/보호자와 학생은 받아들일 수 있는 행동계획을 제시하게 될 것이다.

갈등조정

많은 초등학교에서는 모든 학생과 교직원이 갈등해소 교과과정으로 훈련받는 갈등해소 프로그램을 운영하며, 특정 학생은 갈등조정자의 역할을 맡고 대개는 또래와의 갈등을 조정하기 위해 쉬는 시간과 수업 전후의 만남이 가능하다. 그러나 1993년 앨버커키의 한 고등학교는 특별하게 훈련된 학생들에게 조정활동에 대한 학점을 제공하는 이차적인 조정 프로그램을 마련했다.

하이랜드 고등학교

학군 최초의 조정 학급이 있는 하이랜드 고등학교 학생들은 주기적으로 학교에서 또래 간의 갈등을 조정하기 위해 만날 수 있도록 했다. 1993년, 학생들은 150가지의 갈등을 조정했고, 조정에서 95%의 동의가 이루어졌다. 교내 폭력은 감소하였고 행정가들의 규율을 가르치는 행동도 감소하였다. 조정자 베르나르다 에르난데스

(Bernarda Hernandez)는 그의 경험을 다음과 같이 기록했다.

> 조정은 누군가를 때리거나 단순히 반응하는 대신에 문제에 관해 생각하도록 만들었다. 나는 누군가 나를 화나게 하여 내가 미친 짓을 한다면 무슨 일이 생길까를 생각한다. …… 나는 그것이 가져올 결과를 생각한다.

조정과정은 논쟁 당사자들이 서로를 경청하고, 다른 사람의 관점을 듣고, 5단계([그림 7-1]) 과정에서 조정자에 의해 촉진된 상호 합의된 해결을 가져오는 것이 포함되기 때문에 관련된 모든 사람에게 탄력성 증진의 기회가 된다. APS 조기 기회 프로젝트 학교들은 학생 조정자들이 이 과정을 집으로 가져가게 되면 예상하지 못한 혜택을 유발한다는 것을 발견했다. 학생들은 학교에서의 경험을 토대로 이웃 주민과 가족 간의 갈등을 조정하기 시작했는데, 이것은 많은 학부모가 스스로 학교에서 요구하는 조정 훈련에 참가하도록 만들었다.

갈등조정 과정
1. 조정자는 조정의 역할과 규칙을 설명한다.
2. 1단계: 문제를 규정한다— 양측은 그들의 상황에 대한 견해를 진술하고(자신의 이야기를 한다.) 감정을 표현한다.
3. 2단계: 조정자는 양측이 서로의 견해를 이해하도록 돕는다.
4. 3단계: 해결책을 찾는다— 조정자는 양측이 브레인스토밍하고 양측 모두가 동의할 수 있는 해결책을 찾도록 돕는다.
5. 종결: 조정자는 동의된 해결책의 핵심들을 적고 양측 모두 서명하게 한다.

[그림 7-1] 5단계 갈등조정 과정

출처: Adapted from the New mexico Center for Dispute Resolution, 620 Roma AVE. N.W., Albuquerque, NM 87102

학교운영팀의 학생들

APS 프로젝트를 한 여러 학교들은 학생들에게 학교운영위원회의 자리를 주었는데, 초등학교 수준에서는 이러한 움직임이 급진적이라 생각되었다. 그러나 학생들은 일하려는 열정과 창조적인 아이디어, 변화를 위한 높은 에너지로 교직원들을 놀라게 했다. 교육자들은 학교에 대한 학생들의 시각과 그들이 가진 좋은 아이디어를 듣고 얼마나 놀랐었는지를 보고했다. '학교개선팀(School Improvement Team)' 이라 불리는 학교운영팀이 있는 한 학교는 학생-학교개선팀을 형성하여 때때로 성인 팀과 분리해서 만나고 때로는 함께 만나기도 한다. 학생과 함께 일하는 사람들은 그들의 참여에 대해 비슷한 반응—위대한 아이디어, 놀라운 창조력, 높은 열정—을 보인다. 그러나 단지 소수의 교사만이 이러한 개입을 지원하기 때문에, 폭넓은 지지의 부족으로 오래 가지 못했다. 대부분 그렇듯이 이 프로젝트 학교의 학생들은 이 정도로 학교에 참여하는 일의 맛만 보고 끝내게 되었다. 다행히 다른 프로젝트 학교들은 학교운영에 학생이 지속적으로 참여하게 되었다.

탄력성 증진을 위한 전략 가르치기

탄력성 증진이라는 도전을 받은 여러 프로젝트 학교들이 집행했던 방식 중 한 가지는 탄력성 바퀴에서 그림으로 그려진 여섯 가지 탄력성 증진을 통합하는 교수전략을 사용하는 것이다. 이러한 요인들은 각각 개별 학습활동에 학문적 목적과 사회기술 목적을 모두 통합하는 협동적인 학습방식에 내재되어 있다. 비록 성공적인 협동학습 집행은 효과적인 교직원 연수와 지속적인 교직원 기술개발을 필요로 하지만, 학생들의 향상된 안녕과 학문적 성취로 나타난 보상들은 기록이 잘 되어 있다(Fullan, 1991; Hawkins et al., 1992; Johnson & Johnson, 1989).

교육에 대한 서비스 학습방식은 그 구조 내에 탄력성 증진이라는 패러다임 전환을 포함한다. 학생은 자원의 사용자라기보다는 자원이며, 수동적으로 누군가의 지식을 받아들이기보다는 적극적으로 학습에 관여하고, 소비보다는 생산을 하며, 항상 도움을 받기보다는 도움을 주고, 추종자나 피해자보다는 지도자로서 역할을 하는 사람으로 여겨진다. 이 과정에서 학문적 성취만이 아니라 시민의식과 사회기술이 개발되고, 타인에 대한 공감과 자신감이 증가하며, 지역사회의 소속감 역시 발달한다는 것은 당연한 일이다. 교육에 대한 이러한 접근을 효과적으로 활용하려면 광범위한 훈련과 지속적인 문제해결을 필요로 하지만, 서비스 학습을 진행하는 학생이 학생 발달(즉, 탄력성 구축)로 표시하는 보상은 노력할 가치가 충분하다는 것을 보여준다.

학생 중심의 탄력성 증진 개입의 다른 예

앨버커키와 그 밖의 지역에서 집행된 탄력성 증진의 핵심 요소를 포함하는 다른 학생 중심 개입은 등교 전과 방과 후 프로그램들(특히, '열쇠를 목에 건 아동' 을 위한), 학생지지 집단(이상적으로는 원하거나 필요한 사람 모두에게 가능하고 낙인을 찍지 않는 방식으로 구조화된), 모든 연령을 교차한 튜터링과 멘터링('짝꿍' 프로그램), 학생 또래 원조자 프로그램들, 전통적인 지도자와 비전통적 학생 지도자 모두를 통합하는 리더십 훈련 프로그램, 그리고 수업 중과 방과 후에 실시되는 학생에게 가능한 한 많은 미술, 음악, 연극, 스포츠 및 다른 활동을 포함한다.

맺음말

이 장에서는 학교가 탄력성 증진의 효과성을 증가시키는 데 사용했던 구체적인 프로그램과 그 밖의 전략을 제시했다. 가장 통합적이고 제도화된 사례들은 탄력성의 구성요소를 포함하는 학교 비전과 사명 선언문이다. 긍정적인 학생의 행동뿐만 아니라 분명히 드러나는 허용되지 않는 행동과 그 처벌을 강화시키는 데 초점을 두었던 학교 훈육 방식 역시 여러 탄력성 증진 요소를 통합하고 있다.

당신의 학교에서는 의심할 여지없이 이미 탄력성을 양성하는 고유한 프로그램과 일부 전략들이 시작되고 있다. 당신이 탄력성 증진을 위해 탐색하고 그것을 확장하거나 효과성을 증가시키려는 것은 학교의 탄력성 증진 능력을 개선하려는 하나의 출발점이다. 제8장은 개인과 조직 전반의 탄력성 증진을 가져오는 과정에서 학교에서 사용할 수 있는 구체적인 도구들—양식과 활동, 과정—을 제공한다.

활동 과제

1. 여러분의 학교에 효과적이거나 혁신적인 프로그램과 교수전략을 탐색하라. 그것들은 탄력성 증진의 어떤 구성요소를 통합하는가?

2. 어떻게 이러한 접근들이 좀 더 효과적인 탄력성 형성자가 되도록 하는지 생각하라. 이러한 개선을 촉진할 수 있는 방법을 생각하라.

3. 이 장에서 제시한 구체적인 탄력성 증진 접근의 예 중에 당신이 학교에서 집행하고 싶은 것을 선택하라. 제5장과 제6장에 포함된 변화를 창출하는 정보를 사용하여, 이러한 접근이 당신의 학교에서 발생할 수 있도록 하는 계획을 자세히 구상하라.

제8장

변화를 촉진하는 도구

내게 말해 주면, 나는 잊는다.
내게 보여 주면, 나는 기억한다.
내게 체험하게 하면, 나는 이해한다.

중국 속담

이 장에서는 탄력성을 증진하고 긍정적인 결과의 가능성을 높이며 필요한 변화를 위한 참여 노력을 극대화하기 위해 사용할 수 있는 다양한 '도구'를 제공하려고 한다. 여러분이 속한 조직의 변화과정에 적용할 수 있는 아이디어를 제공하려는 것이 이 장의 목적이다. 이러한 아이디어는 수정될 수 있으며, 어떤 것은 특정 욕구에 맞춰 좀 더 적절하게 개발되어야만 할 것이다. 이것이 기대되는 바다. 장기적 탄력성 개발은 혁신과 적응을 필요로 한다.

이러한 제안들은 현재 상황을 사정하기, 변화를 촉진하고 헌신하게 하기, 그리고 노력을 평가하고 결과를 격려하기의 세 가지 범주로 구성되었다. 다음에서 지적하겠지만, 다른 것들은 어느 목적이든 도움이 될 수 있지만, 일부 제안들은 특별한 개인(학생 또는 교육자)에게 적용되거나 조직의 탄력성 증진을 위한 목적으로 만들어졌다.

현재 상황을 사정하기 위한 도구

이러한 활동은 논의를 시작하는 데 도움이 될 수 있고, 욕구 영역과 강점을 확인하고, 담당해야만 하는 행동에 관하여 동의에 이르도록 참여자에게 동기를 부여할 수 있다.

탄력성 바퀴

탄력성 바퀴를 복사해서 참여자에게 나누어 주고, 바퀴에 포함된 탄력성 증진의 여섯 가지 요소들을 검토하고, 모든 사람이 개별 요소의 의미를 이해하였는지를 확인하는 토론을 활발하게 하라. 탄력성 바퀴는 공통 언어를 마련하고, 현상을 사정하며, 선택해야만 하는 일을 확인하기 위해 활용될 수 있다. 이 단계는 어느 집단에서든 사용할 수 있는 공통 언어를 마련하는 데 도움이 된다. 결과적으로 탄력성 바퀴는 사건의 현재 상황을 평가하는 데 사용될 수 있다. 예를 들어, 집단은 각 요소에 관해 토론할 수 있다. 그러고 나서 탄력성으로부터 벗어나거나 증진시킬 수 있는 어떤 일이 현재 일어나고 있는가에 관한 동의에 이르게 된다. 결국 집단은 탄력성을 증가시키기 위해서 고려해야 하는 그 밖의 필요한 일을 논의할 수 있다.

제1장에서 설명하였던 것처럼, 탄력성 바퀴는 사정의 목적을 위해 사용될 수 있다. 예를 들면, 교사는 그것을 탄력성 망으로서 보고 학생 탄력성의 현재 상태와 '좀 더 짜넣어야 할 가닥들(more strands woven in)' 이 필요한 그물망 영역에 관해 동의를 구하기 위해 학년 초기에 학부모와 학생이 함께 사용할 수 있다. 동의는 학부모, 교사, 학생 간의 계약으로 공식화할 수 있다. 만일 포트폴리오가 강의안의 일부분으로 활용된다면, 학생은 그 노력의 일부로서 합의된 탄력성 증진 목적에 참여할 것이 요구된다.

탄력성 그림

제5장에서 소개하였던 탄력성 그림은 현상을 사정하고 탄력성 증진을 위해 추후 방향을 탐색하는 데 사용될 수 있다. 그림은 논의를 활발하게 만들기 위해 활용될 수 있는 장벽과 전략에 관한 정보를 제공한다. 집단이 친숙해지고 탄력성 바퀴에 편안하게 되면, 그들은 그 장소에서 사건의 상황을 사정하고 근거가 있다면 변화하기 위해 수행되어야 하는 필요성을 탐색하는 데 그림을 효과적으로 사용할 수 있다. 표적은 학생([그림 5-1]), 교육자([그림 5-2]), 전체 학교([그림 5-3]), 또는 세 가지 모두가 될 수 있다. 대화를 시작하기 위해 그림을 사용할 때, 질문해야 하는 핵심 질문은 '탄력성 증진에서 우리를 방해하는 장벽은 무엇인가?' 와 '탄력성을 증진하는 우리의 능력을 증가시키기 위해 고려해야만 하는 전략은 무엇인가?' 를 포함한다.

학교 탄력성 증진 사정하기

이 설문조사는 공동저자인 헨더슨(Henderson)이 개발한 것으로 학교 탄력성 증진의 현재 상황에 대한 인식을 사정하기 위한 비공식적인 도구다. 여기에는 학생과 교육자, 학교에 초점을 둔 질문을 포함하고 탄력성 바퀴의 여섯 가지 요소가 모두 포함된다. 회의에서 그것을 나누어 주어 참석자들이 점수를 낼 수 있고 학교 책임 탄력성에 관한 신념의 전반적인 감각을 발달시킬 수 있도록 결과가 빠르게 대조될 수 있다. 집단은 결과를 분석하고 추론을 도출하며 필요할 수도 있는 다음 단계에 관해 결정할 수 있다. 이 장의 끝에 제시한 [그림 8-2]에서 찾을 수 있는 도구를 여러분의 학교에서 복사하여 사용할 수 있다.

교육자 정체 사정하기

이것은 교육자의 정체 수준을 사정하는 것을 돕기 위해 공동저자인 밀스테인(Milstein)이 개발한 설문조사다. 정체는 ① '전문가'가 되고 직장생활이 판에 박힌 일이 되었다는 결론을 내리고(내용 정체), ② 성장, 지위 확장 또는 조직에서 승진을 위한 기회가 거의 없다는 느낌이 들 때(구조 정체), 또는 ③ 생활이 너무나 예측 가능하고 충족되지 않는다고 느낄 때(생활 정체) 가장 흔하게 발생한다. 이러한 믿음이 하나 이상 생기게 되면, 탄력적이기는 매우 어렵다. 따라서 필수적인 탄력성 증진 행동을 취하도록 동기를 유발하기 위한 기반으로서 참여자의 정체 수준을 사정하고 개념을 이해하는 것이 중요하다. 이 장의 끝에 제시한 [그림 8-3]의 정체 도구는 이러한 목적을 위해 사용될 수 있다. 응답자들은 제시된 형식에 자신의 결과를 기록할 수 있다. 적절하게 사용되면, 이 결과는 탄력성 증진에 관한 의사결정과 토론을 위한 기초로 활용될 수 있는 집단의 모습을 개발하기 위해 대조될 수 있다. 이 도구를 복사하여 여러분의 학교에서 사용할 수 있다.

위험으로부터 탄력성으로 초점을 변화시키기

이 연습은 가장 '위험에 처한' 것처럼 보이는 사람이라 할지라도, 모든 사람이 탄력성이라는 타고난 특성을 가졌음을 확인하게 해 준다. 그들이 개인적으로 걱정하는 사람, 즉 학생, 동료 교육자, 또는 자신(이러한 집단들이 연습의 초점이 되는 것에 따라서)을 생각해 보도록 요청하라. 그 다음에 참여자에게 빈 종이 위에 그 사람의 이름을 적고 이름 아래 종이를 동일한 두 개의 칸으로 나누는 선을 그리게 하라. 태도나 행동과 같은 내적 요인과 염려가 되는 환경적 조건과 같은 외적 요인을 고려하여 그들이 이 사람에 관해 관심을 갖는 주요한 이유 서너 개를 왼쪽에 기록하게 하라. 그 다음에, 활동의 다음 단계에서 철저하게 하라는 지시와 함께 그들이 보통 개인의 문제와 위험을 찾는 데 했던 것처럼 참여자로 하여금 개인의 삶에서 찾을 수 있는 만큼의 많은 장점과 긍정적인 점, 즉 재능, 잠재력, 태도와 같은 내적 요인과 다른 긍정적인 환경적 영향력과 같은 외적 요인 모두를 오른쪽에 기록하게 하라. 마지막 단계로서, 일곱 가지의 탄력성(Wolin & Wolin, 1993)과 〈표 1-1〉에 자세하게 설명된 탄력성의 다른 특성을 공유하고, 참여자에게 그들이 확인한 어떤 긍정적인 것이 탄력성의 이러한 특성과 연결되는지를 토의하고 짝을 지어 보게 하라. 강점을 탐색하고, 문제나 위험보다 그 강점에 더 초점을 맞추며, 그것을 개인에게 반영하고, 필요한 개입이 무엇이든 그 강점에 초점을 맞춤으로써 집단의 탄력성이 증가한다는 것을 기억하라. 앞서 살펴본 것처럼, 피그말리온 효과는 강력하다. 당신이 서비스를 제공하는 사람을 어떻게 보는가는 그들이 어떻게 행동하고 반응하는가에 지대한 영향을 미치게 될 것이다(Rosenthal & Jacobson, 1968).

Y차트 만들기

Y차트 만들기는 참여자로 하여금 아는 것을 넘어서 실행하게 하고 탄력성 증진에 관한 더 깊은 감정과 관심에 직면하도록 장려하려는 의도다. 이것은 학생과 교육자, 학교 탄력성 증진에 관한 집단토론을 촉진하는 데 사용될 수 있다. 종이에 Y를 그려라. Y의 세 군데 끝에 '처럼 느낀다', '처럼 보인다' 그리고 '처럼 들린다' 라고 적어라. 참여자에게 사본을 주고 학생과 교육자, 또는 학교 탄력성의 현재 상태나 희망하는 상태에 관한 Y의 각 영역에 기술적인 단어를 적도록 하라. 소집단에서 그들의 생각을 공유하게 하고 동의를 탐색하게 한 후에, 대규모 집단 현장에서 그것을 공유하라.

변화 향상과 헌신 증진을 위한 도구

이러한 활동은 집단이 현상을 변화시키고 탄력성 증진을 증가시키는 데 필수적인 활동을 선택하려는 동기를 부여하는 데 사용될 수 있다.

탁월한 것, 괜찮은 것 그리고 수행되지 않는 것

이것은 사건의 현재 상태를 사정하는 것과 변화에 헌신하려는 움직임을 연결하는 활동이다. 이것은 다른 일이 변화되는 중에도 효과적인 프로그램과 행동은 안전하게 진행될 것이라는 안정감을 향상시킨다. 참여자에게 자신의 학교에서 탄력성을 향상시키는 데 변화시키지 말아야 하는 탁월한 일이라고 믿는 일들을 적게 하라. 그 논의가 동의를 얻게 된 후에 그들에게 탄력성 증진에 관하여 학교에서 괜찮지만 변화가 이루어지면 더 나아질 수 있는 것이 무엇인지에 초점을 맞추게 하라. 마지막으로 집단에게 탄력성을 증진시킬 수 있는 현재 수행되지 않는 다른 일들에 관하여 생각해 보게 하라. 집단이 솔직하고 필요한 위험을 감수하려고 한다면, 필수적이고 안전한 분위기를 향상시킬 수 있는 방식으로 질문하도록 집단에게 주문해야 한다. 이 활동의 목적은 탄력성 증진을 향상하기 위해 수행되어야만 하는 특별 행동에 관하여 동의하기 위한 것이다.

탄력적인 학교의 지붕 들어내기

집단에게 그들이 학교에서 탄력성 증진을 가져오기 위해 요구되는 노력들을 경험했다고 상상하게 하라. 지금은 10년이 지난 후다. 집단은 그들이 진행하고 있는 것을 보기 위해서 학교의 지붕을 들어내고 자세하게 내려다본다고 가정하라. 학교가 현재 좀 더 탄력성 증진이 되었다는 것을 알게 해 주는 것은 무엇인가? 참가자들에게 그들이 보고 있는 일을 자발적으로 수행하게 하라(예, 학생이 주선한 더 활발한 상호작용, 위험을 감수하는 모범을 보이는 교사, 높은 기대를 표현해 주는 복도의 전시물). 수정안으로서, 집단은 그들이 학교 안을 자세하게 내려다보는 것처럼 탄력성 바퀴의 각 요인들에 초점을 맞추도록 요청받을 수 있다.

규범 만들기

탄력성 증진 규범에 관하여 동의가 이루어지면 집단 목적의 모델이 되는 행동을 설정하는 데 도움이 될 수 있다. 이러한 규범을 설정하는 방법 중 하나는 집단에게 탄력성 바퀴의 여섯 가지 요인들을 나누어 주는 것이다. 그 다음 구성원을 각 요인마다 한 집단씩 여섯 개 집단으로 나눈다. 각 집단으로 하여금 그들에게 할당된 요인에 관하여 행동지침에 필요하다고 생각하는 규범을 탐색하게 하라(예, 보살핌과 지지를 제공하기 위해서 집단은 각자의 독특한 교수법-학습법을 존중하고 경의를 표하며, 서로의 생일을 축하하려는 노력을 하고, 위기가 오면 위로해 주는 것과 같은 규범이 권장될 수 있다.). 이러한 규범은 공유되고 필요에 따라 첨가되고 수정될 수 있으며 집단에 의해 선택될 수 있다. 만약 규범이 작성되었다면, 그것은 정기적으로 검토되고, 필요에 따라 갱신되고, 나중에 집단 구성원들과 공유될 수 있다.

당신의 것-나의 것-우리의 것

이 활동은 참여자 집단 모두가 행동으로 옮기는 데 책임을 져야 하고 특정한 역할 집단이 책임을 져야 하는 탄력성 증진 영역을 분명하게 하는 데 도움이 될 수 있다. 예를 들면, 전체 집단의 책임과 특권은 무엇인가? 특별한 역할 담당자에게 남겨진 가장 적절한 것은 무엇인가? 이러한 질문에 답을 구하는 것은 회의 의제를 제한하고 구성원에게 속한 활동은 그들의 책임이며 그들의 통제하에 남겨진 특정 역할들—학부모, 학생, 교사, 행정가—을 기억하게 하면서 집단이 가야할 길을 정당하게 유지하게 해 준다.

각 참여자에게는 메모 카드 세트—전체 집단과 그들이 소속된 각각의 역할 집단에 하나씩—가 주어져야 한다. 특정한 역할 집단의 이름을 각 카드 제목으로 달고(예, '학교개선팀') 각 집단이 책임져야 하는 탄력성 증진 활동을 기록하게 하라. 전체 집단을 위해서도 똑같이 하게 하라. 그러고 나서 참여자에게 역할 집단별로 개별 카드함에 분류하게 하고 전체 집단을 위해 함 하나에 정리하게 하라. 소집단에게 다른 카드함을 검토하고 일반적인 결론을 도출하게 할당할 수 있다. 이것들은 대규모 집단에서 공유될 수 있다. 동의는 기록되고 전파될 수 있다.

상황, 표적, 경로(STP)

STP(Situation, Target, Path)는 슈머크와 런켈(Schmuck & Runkel, 1994)이 개발한 연습이다. 이것은 집단이 탄력성 증진 문제의 본질, 달성해야 하는 목적, 그리고 바람직한 목적을 달성하기 위한 전략을 분명히 하는 데 도움이 된다. 이 연습은 참여자가 자신들이 초점을 두어야 하는 것이 현재 상황(S)에 관한 믿음인가, 목적이나 표적(T)인가, 또는 현재의 상황에서 목적으로 이동하는 데 사용되는 활동이나 경로(P)인가를 정하는 데 도움이 된다. STP 세션은 다음에서 설명하는 브레인스토밍 접근을 사용하여 세 단계 각각에 대해 집단이 인식을 공유하고 어디서 어떻게 변화를 만들어 갈 것인가에 대하여 우선순위를 정하게 해 준다.

브레인스토밍

이미 형성된 행동이나 습관은 깨뜨리기 힘들기 때문에 탄력성 증진은 창의성을 필요로 한다. 브레인스토밍은 참가자들이 그들을 끌어내리는 과거의 족쇄를 버리고 생각하도록 권장한다. 첫 단계에서 참가자에게 탄력성 증진 질문이나 문제에 응답하게 하라(만일 STP 세션에서 이 활동을 활용한다면 참가자는 현재 상황, 그 다음에 표적, 그 다음에 경로를 정하게 된다.). 활동을 시작하기 전에 참여자와 함께 브레인스토밍을 하기 위한 지침을 공유하라. 아이디어들이 얼마나 비실현적인지에 상관없이 '아이디어들이 떠오르게 하라.' 비판하거나 수정하지 말고 모든 아이디어를 기록하라. 그리고 가장 중요한 것은 사람들이 생각하기 위해 '내면으로 들어가는' 순간인 침묵을 허용하는 것이다. 두 번째 단계에서, 집단으로 하여금 기록된 아이디어들을 검토하게 하라. 이것은 아이디어를 버리고, 다른 것은 수정하고, 어울리는 것들끼리 묶어 주는 좀 더 분석적인 시간이다. 세 번째 단계에서, 검토를 거쳐 남겨진 아이디어들을 탐색할 수 있고, 정해진 일은 행동으로 옮길 수 있다. 이러한 과정은 앞서 설명한 STP 과정의 어떤 단계에서나 활용될 수 있다.

의사결정 동의

탄력성은 의사결정에 참여함으로써 향상된다. 참여자는 쟁점을 명확하게 하고 수행해야만 하는 것을 정하는 데 협조하는 법을 학습해야만 한다. 의사결정 동의는 선택해야 할 필요가 있는 행동에 헌신하게 하는 강력한 수단이다. 이는 특히 집단 구성원의 경험과 이해가 다른 경우에 더 나은 의사결정으로 이끌어 가는 창조적인 과정이 될 수 있다. 이는 크고 작은 의사결정 방식보다 더 많은 시간과 호의 및 촉진기술을 필요로 하기 때문에, 집단 이해와 헌신을 분명히 요구하는 결정이 사전에 준비되어 있어야만 한다. 동의는 모든 사람이 결정에 동의한다는 것을 의미하는 것이 아니다. 그것은 모든 사람이 ① 쟁점을 이해하고, ② 그들이 이 쟁점에 관해 어떻게 느끼는가와 가능한 해결책에 관해 논의할 기회가 주어지고, ③ 비록 그 결정이 그들이 원하던 대안이 아니라 할지라도 이루어진 결정을 기꺼이 준수한다는 것을 의미한다. 만일 집단이 이러한 기본 규칙을 이해하고 의사결정 동의 과정을 실행하도록 도움을 준다면,

이루어진 결정은 질적으로 개선되고 협조의 규범과 신뢰가 자라게 될 것이다.

세력권 분석

이 활동은 슈머크와 런켈(1994: 258-259)이 자세히 설명하고 있다. 이 활동을 통해 집단은 목적(또는 표적, STP 활동에서)달성을 촉진하거나 방해하는 세력을 탐색한다. 각 탐색된 목적을 위해 이러한 세력을 기입한 후에, 집단은 이러한 세력의 균형을 변화시키기 위해, 즉 방해하는 힘의 영향력을 완화하고 도움을 주는 힘의 영향력을 확대하는 전략들을 개발해야만 한다. 이 연습은 참여자로 하여금 이 목적을 달성하는 데 중요한 단계를 더욱 분석하고, 좀 더 쉽게 달성할 수 있는 적은 분량으로 목적을 나누고, 가장 달성 가능한 목적에 초점을 맞추고, 왜 다른 목적을 달성하기가 어려운가를 좀 더 이해할 수 있도록 장려한다. [그림 8-1]은 이러한 활동에 도움이 되도록 활용될 수 있다.

노력을 평가하고 성공을 즐기기 위한 도구

이러한 활동들은 참여자들이 탄력성 증진 목적들을 향하고 있는가를 알수 있게 한다. 궤도를 지키고(공식적인), 결과를 설정하고(통합적인), 지속적인 노력의 동력이 되게 하는 노력들을 점검하는 것이 의도다.

표적: 우리가 원하는 위치는 ______________________

도움을 주는 세력		방해하는 세력
	우리의 현재 위치	

도움을 주는 세력을 극대화하는 방식

방해하는 세력을 완화시키는 방식

[그림 8-1] 세력권 분석

평가 활동지

이 장의 끝에 있는 [그림 8-4]에 제시된 활동지는 탄력성 증진 요인과 그것이 실현되는 범위를 결정하기 위해 수집할 필요가 있는 정보에 관하여 참여자의 관심을 끌어낸다. 활동지는 일이 현재 어디쯤 진행되고 있는지를 평가하고, 결과를 확립하고 필요한 정보와 노력을 위한 활동 계획을 얻기 위해 요구되는 측정과 지표를 탐색하는 것과 같은 평가전략을 마련하는 수단으로서 공식적으로 가장 잘 활용될 수 있다. 활동지를 복사하여 여러분의 학교에서 사용할 수 있다. 약간 수정하면 총체적인 평가로 도출하기 위한 평가모형으로도 활용될 수 있다(예, '그것은 무엇처럼 보일 것인가……' 라는 제목이 붙은 칸 대신에 '그것은 무엇처럼 보이는가……' 로 읽힐 수 있다.).

탄력성 증진 요인

현재 필요한 탄력성 증진 성과에 관한 일부 단상들을 얻기 위해, 참여자에게 〈표 5-1〉과 같은 여섯 가지의 탄력성 증진 요인들을 단순히 기입하는 양식에 그들의 인상을 적도록 하라. 사람마다 긍정적이고 부정적인 인상들을 기입한 후에, 탄력성 증진의 현재 상태와 그것을 개선하기 위해 수행해야만 하는 것에 관해 동의를 끌어내기 위한 토론을 촉진시키라.

인식

이루어진 노력과 달성된 성과에 대한 인식은 더 나은 탄력성 증진 노력을 촉진시킨다. 인식은 수많은 형태로 나타날 수 있다. 소식지는 학생, 교사 또는 학교 전체가 이루어 낸 진전을 조명하기 위해 활용될 수 있다. 교사는 교실에서 성공적으로 발견한 탄력성 증진 활동들을 보여 주도록 요구받을 수 있다. 예외적으로 뛰어나 보이는 개인은 정보를 공유하고 다른 사람을 위해 기술발달 세션을 수행하도록 부탁받을 수 있다.

맺음말

탄력성은 전국과 전 세계에서 발생하고 있는 변화의 속도를 포함하여 개인들이 공통적으로 직면하는 수많은 스트레스 원천의 결과로서, 학생, 교육자 그리고 학교에게 점점 중요한 문제가 되고 있다. 이러한 현실은 교육자에게 학교에서 탄력성 증진의 욕구에 부응하기 위해 할 수 있는 모든 것을 해야만 하는 도전이 된다. 이 마지막 장에 제안된 활동은 교육자들이 탄력성 증진 노력을 효과적으로 촉진시키기 위해 활용할 수 있도록 구체적인 도구를 제공한다.

학교 탄력성 증진 사정하기

다음의 학교 탄력성 증진 요소들을 4점 척도로 평가하라. 1은 '이것을 함께 이루었다.', 2는 '이 영역에서 많이 노력했지만 더 이상 할 수 없다.', 3은 '이제 시작했다.', 그리고 4는 '아무것도 이루어지지 않았다.'를 의미한다.

친사회적 유대

____ 학생은 학교 안에 적어도 관심을 보이는 한 명의 어른과 긍정적으로 유대를 맺는다.

____ 학생은 흥미가 있는 등교 전, 수업 중, 방과 후 활동에 많이 참여한다.

____ 교직원은 의미 있는 상호작용을 한다.

____ 교직원은 의미 있는 비전과 사명 선언문을 마련하기 위해 참여한다.

____ 가족은 학교와 긍정적인 유대를 유지한다.

____ 학교의 물리적 환경은 따뜻하고 긍정적이며 양호해 보인다.

____ 총 점

분명하고 일관된 경계

____ 학생은 그들에게 기대되는 행동에 관해 분명하고 일관성 있는 경계의 적용을 경험한다.

____ 학생은 그들에게 문제가 생기면 도움을 주는 개입과정('코어' 또는 '케어' 팀)을 이용한다.

____ 교직원은 그들에게 기대되는 것이 무엇인가에 관해 분명하고 일관성 있는 기대를 경험한다.

____ 교직원은 학생과 성인을 위해 개발된 행동 기대의 모범을 보인다.

____ 학교는 규범, 규칙, 목적 그리고 교직원과 학생에 대한 기대에 관하여 지속적인 토론을 장려한다.

____ 학교는 학교공동체 구성원에게 효과적으로 행동 기대들을 마련하고 준수하기 위해 필수적인 훈련을 제공한다.

____ 총 점

생활기술 가르치기

____ 학생은 대부분 거절기술, 자기주장성, 건전한 갈등해소, 현명한 의사결정과 문제해결 및 건전한 스트레스 관리 기술을 사용한다.

____ 학생은 사회적 기술과 학문적 성과 모두에 초점을 두는 협동 학습에 참여한다.

____ 교직원은 협조하여 함께 일하고 협동의 중요성을 강조한다.

____ 교직원은 효과적인 조직 기능에 참여하는 데 필요한 대인관계 기술과 효과적인 교수법에 필수적인 직무 기술을 보유하고 있다.

____ 학교는 모든 학교공동체의 구성원에게 필요한 기술 개발을 제공한다.

____ 학교는 평생교육의 철학을 배양한다.

____ 총 점

보살핌과 지지

____ 학생은 학교에서 보살핌과 지지를 받는다고 느낀다.

____ 학생은 많은 유형의 장려책과 인정, 보상을 경험한다.

____ 교직원은 학교에서 보살핌과 감사를 전달한다고 느낀다.

____ 교직원은 많은 유형의 장려책과 인정, 보상을 경험한다.

____ 학교는 친절과 격려의 분위기를 유지한다.

____ 학생과 교직원이 필요로 하는 자원들이 학교 내에 보관되고 공평하게 분배된다.

____ 총 점

높은 기대

____ 학생은 그들이 성공할 수 있다고 믿는다.

____ 학생은 (공식 또는 비공식적으로) 낙인을 찍히거나 추적 조사를 받는

일이 전혀 또는 거의 없다.

____ 교직원은 성원들이 성공할 수 있다고 믿는다.

____ 교직원은 위험 감수와 탁월성에 대해 보상받는다(예, 성과급).

____ 학교는 명백한 성과, 정기적 검토 및 지지적인 피드백과 더불어 교직원과 학생에게 성장 계획을 제시한다.

____ '할 수 있다' 는 태도가 학교에 퍼져 있다.

____ 총 점

의미 있는 참여 기회

____ 학생은 다른 학생들과 학교 및 지역사회에 서비스를 강조하는 프로그램에 참가한다.

____ 학생은 운영과 정책을 포함하는 학교 의사결정에 참여한다.

____ 교직원은 운영과 정책을 포함하는 학교 의사결정에 참여한다.

____ 교직원은 구체적인 업무와 조직 전반의 책임을 맡는다.

____ 학교공동체의 모든 사람(학생, 학부모, 교직원)을 문제나 대상, 또는 클라이언트로 보기보다는 자원으로 본다.

____ 학교 분위기는 '정말 중요한 일을 하라.' 는 것과 위험 감수를 강조한다.

____ 총 점

사정 점수 총합(6개 영역의 합계)

학 생 ______(각 영역의 처음 2개 문항의 점수 합계)

교직원 ______(각 영역의 세 번째와 네 번째 문항의 점수 합계)

학 교 ______(각 영역의 마지막 2개 문항의 점수 합계)

점수의 범주: 합계 36~144, 각 영역 6~24, 학생, 교직원 그리고 학교 12~48. 낮은 점수군은 탄력성 증진이 긍정적임을 나타낸다. 높은 점수군은 개선할 필요가 있음을 나타낸다.

[그림 8-2] 학교 탄력성 증진 사정하기

출처: Developed by Nan Henderson, M. S. W.

교육자 정체 설문조사

1~5점 척도를 사용하여, 각 항목에서 가장 가까운 반응을 선택하시오. 1은 '매우 동의한다', 2는 '동의한다', 3은 '잘 모르겠다', 4는 '동의하지 않는다', 5는 '전혀 동의하지 않는다'를 의미한다.

1. ____ 나의 실제 업무는 처음 기대와 매우 일치한다.
2. ____ 나는 조직 구조에서 높은 지도자로서의 지위 때문에 업무상 존경을 받고 있다.
3. ____ 조직에서 승진할 수 없기 때문에 갇혀 있다고 느낀다.
4. ____ 업무는 나에게 만족감을 준다.
5. ____ 나는 삶에서 내가 책임져야 할 많은 일 때문에 부담스럽다.
6. ____ 나는 현재 업무가 지루하다고 느낀다.
7. ____ 나는 대체로 열정으로 하루를 시작한다.
8. ____ 내가 흥미를 느끼는 한 조직에서 승진할 기회가 있다.
9. ____ 일이 내 삶에서 가장 중요하다.
10. ____ 나의 업무는 반복적인 임무로 채워진다.
11. ____ 나는 내가 속한 조직에서 있었던 승진 기회를 놓쳐 버린 것처럼 느껴진다.
12. ____ 나는 대개 좋아하는 여가활동에 참여할 수 있는 시간을 낼 수 있다.
13. ____ 나는 조직 구조에서 앞서 나아가는 것에 흥미가 거의 없다.
14. ____ 나의 삶은 너무나 예측 가능하다.
15. ____ 나는 업무 중에 도전적이고 의미 있는 활동에 참여한다.
16. ____ 나는 조직 구조에서 나의 직무 목적을 성취할 수 있다고 믿는다.
17. ____ 나는 너무나 오랫동안 업무를 해 왔다.
18. ____ 나는 가족과 친구들을 대할 때 너무나 자주 참을성이 없어진다는 것을 안다.

19. ____ 나는 더 의미 있는 일을 할 수 있도록 내가 속한 조직에서 승진할 수 있는 기회가 더욱 많았으면 좋겠다.

20. ____ 나는 나의 업무를 너무나 잘 안다.

21. ____ 나는 삶이 지루하다는 생각을 거의 하지 않는다.

22. ____ 비록 내가 승진을 원하더라도, 나의 능력을 고려해 볼 때 현재 지위는 내가 조직 내에서 현실적으로 도달할 수 있는 가장 높은 위치다.

23. ____ 나의 직업은 새로운 것을 배울 기회를 거의 제공하지 않는다.

24. ____ 나는 업무에서의 도전과 기회로 인해 활기가 넘친다.

25. ____ 나는 스스로를 인생에서 모험을 선택하는 사람이라고 생각한다.

26. ____ 조직 구조에서 승진은 내가 현재 지위에서 정말 좋아하는 많은 일을 포기하도록 요구하게 할 것 같다.

27. ____ 나는 현재의 직업을 성공적으로 수행한다고 느낀다.

28. ____ 나의 가족과 친구들은 내가 인생의 다른 면보다 일에 더 많이 빠져 있다는 것에 화가 나 있다.

29. ____ 나의 인생은 내가 바라던 대로 이루어지고 있다.

30. ____ 나는 직업적 성공을 조직 구조 안에서의 승진과 연결한다.

교육자 안정도 설문지 점수표

아래의 범주 A, B, C의 숫자는 정체 설문지의 30개 문장과 일치한다. 당신의 답을 빈칸에 적어라.

주의: *표가 된 수는 역으로 점수를 매긴다. 이러한 문항은 1점은 5, 2점은 4, 3점은 3, 4점은 2, 5점은 1이 된다. 지적한 것처럼 이러한 문항은 반드시 역으로 환산하라.

범주 A	범주 B	범주 C
1. _______	2. _______	3. _______*
4. _______	3. _______*	7. _______
6. _______*	8. _______	9. _______*
10. _______*	11. _______*	12. _______
15. _______	13. _______	14. _______*
17. _______*	16. _______	18. _______*
20. _______*	19. _______*	21. _______
23. _______*	22. _______*	25. _______
24. _______	26. _______	28. _______*
27. _______	30. _______*	29. _______

범주 합계(각 칸을 더하시오)	정체 영역
A = _____ (10으로 나누어라 = _____)	내용(일이 일상적인 과정이 된다.)
B = _____ (10으로 나누어라 = _____)	구조(조직이 성장과 승진 기회를 제공하지 않는다는 의식)
C = _____ (10으로 나누어라 = _____)	인생(인생은 지나치게 예측 가능하거나 충만하지 않다는 의식)
전 범주 _____ (10으로 나누어라 = _____)	전체 정체성

각 범주와 전체에서의 점수가 높아질수록 정체 수준은 높아진다. 이 설문지는 세 개 중 어느 범주나 전체 범주에서 탄력성 증진을 위한 필요성을 사정하는 데 사용될 수 있다.

[그림 8-3] 교육자 정체 사정하기

출처: Developed by Mike Milstein, ph. D.

탄력성 증진 요인	그것은 무엇처럼 보이고 느껴지고 들리는가? 학생용 교직원용	우리는 이런 탄력성 증진자가 되는 데 성공했다는 것을 어떻게 알 수 있는가? 학생용 교직원용
1. 유대 증가시키기		
2. 분명하고 일관된 경계 설정하기		
3. 생활기술 가르치기		
4. 모든 학생과 교직원에게 보살핌과 지지 제공하기		
5. 모든 학생과 교직원에게 성공에 대한 높은 기대 제공하기		
6. 모든 학생과 교직원에게 의미 있는 참여와 기여의 기회 제공하기		

우리는 어떤 측정도구를 사용해야만 하는가?		우리는 누구와 함께 그것을 사용해야 하는가?		언제 그것을 사용해야 하는가?	
학생용	교직원용	학생용	교직원용	학생용	교직원용

[그림 8-4] 탄력성 증진을 평가하기 위한 활동지

| 추천 도서 |

탄력성 주제를 좀 더 자세하게 탐색하려는 독자에게 도움을 주기 위해 다음의 해설을 제공한다.

Benard, B. (1991). *Fostering resiliency in kids: Protective factors in the family, school, and community*. San Francisco: WestEd Regional Educational Laboratory.

이 책은 발간된 지 10년 이상 지났지만, 탄력성을 양성하기 위한 선도적인 기초 연구로 남아 있다. 이 책은 탄력성에 관한 100개 이상의 연구와 논문을 종합하였고, 보살핌과 지지, 높은 기대, 가정과 학교, 지역사회에서의 의미 있는 참여 기회라는 보호요인이 어떻게 아동과 청소년의 탄력성에 기여하는가를 묘사한다.

Desetta, A., & Wolin, S. (Eds.). (2000). *The struggle to be strong: True stories by teens*. Minneapolis, MN: Free Spirit.

이 책은 청소년이 탄력적으로 되는 데 도움을 주는 개인의 탄력성—시빌 울린과 그녀의 남편 스티브 울린이 확인한 내적 자질—을 드러내는 십대가 쓴 충격적인 이야기 모음집이다. 십대 작가들은 훈련을 잘 받았고 그들의 이야기는 학대와 자포자기, 인종차별, 부모의 중독, 약물 사용, 폭력에 의한 친구의 죽음 또는 다른 '십대 문제' 들을 극복한 개인적 여정을 매우 자세하게 묘사했다.

Desetta, A., & Wolin, S. (2000). *A leader's guide to The Struggle to Be Strong: How to foster resilience in teens.* Minneapolis, MN: Free Spirit.

이 지도자 지침서는 학생에게 탄력성이 무엇인지, 어떻게 청소년이 탄력성을 얻게 되는지, 그리고 탄력성이 학생 자신의 삶에서 어떻게 작용하는지에 관해 가르칠 수 있도록 교사와 상담가, 그 밖의 청소년 집단 지도자들에게 쉽게 진행하는(그리고 많이 필요로 하는) 방식을 제공한다. 이 지침서는 실제적이고 활용하기 쉬운 활동들로 채워져 있으며, 아동이 개인적인 탄력성을 발견하고 강화하도록 돕기 위한 출발점으로서 『강해지기 위한 투쟁(*The Struggle to Be Strong*)』에 있는 이야기를 활용한다.

The Freedom Writers (with Erin Gruwell). (1999). *The freedom writers' diary.* New York: Doubleday.

이 책은 캘리포니아 롱비치에 위치한 고등학생 150명의 놀라운 탄력성 여정을 기록한 것이다. 이들은 한때 가장 낮은 성취자이자 '가장 성공하지 못할 사람' 으로 생각되었지만 지금은 작가, 강사, 훌륭한 대학생이 되어 있다. 탄력성 틀이라는 공식적인 지식이 없이도, 에린 그루웰 교사는 학생 안에 있는 것을 끄집어내기 위해서 자신의 내재된 탄력성을 끌어냈다. 이 이야기는 학생들의 삶을 놀라울 만큼 변화시킨 한 교사의 힘과 어떻게 탄력성 연구의 권장사항이 학문적 성공과 연결되었는지를 보여 주는 놀라운 기록이다.

Henderson, N., Benard, B., & Sharp-Light, N. (Eds.). (1999). *Resiliency in action: Practical ideas for overcoming risks and building strengths in youth, families, and communities.* San Diego, CA: Resiliency In Action.

이는 '탄력성의 기초', '탄력성과 학교', '탄력성과 지역사회', '멘터링, 지원 및 또래 프로그램', '탄력성과 청소년 발달' 그리고 '탄력성과 가족'과 같은 주제로 구성된 탄력성 양성에 관한 독창적인 책이다. 이 책은 독자가 접근할 수 있는 연구 정보와 수많은 학교, 프로그램, 그리고 지역사회 조직에서 탄력성 이론 틀의 실천적 적용으로 채워져 있다. 이 책은 또한 약물남용, 갱 집단 가담, 십대 임신과 학교실패를 극복하면서 탄력성을 보여 주었던 젊은이들의 개인적 이야기들을 포함한다.

Henderson, N., Benard, B., & Sharp-Light, N. (Eds.). (2000). *Mentoring for resiliency: Setting up programs for moving youth from "stressed to success."* San Diego, CA:Resiliency In Action.

성인-청소년 멘터링은 제대로 집행만 된다면 성공의 광대한 과학적 기록이 되는 탄력성을 양성하게 만드는 실용적 접근이다. 이 책은 청소년 멘터링과 다른 탄력성 증진 프로그램을 마련하기 위한 연구 기반 지침을 제공한다. 탄력성을 양성하는 데 가장 효과적으로 평가된 프로그램에 관한 정보, 즉 어떻게 교사가 학생을 위한 멘터로 '전환할' 수 있는지, 자긍심과 멘터링 간의 관계는 무엇인지를 제공한다. 에미 워너(Emmy Werner)는 이 책의 소개글(다음 참조)을 작성했는데 그 속에서 멘터링의 영향력을 논의했다. 캐나다에 있는 선구적 멘터링 조직인 또래 자원 네트워크(The Peer Resources Network)는 이 책을 '필독서' 로 정하고 '꼭 알아야 하는 것: 최고의 멘터링 서적' 중의 하나로 선정했다.

Higgins, G. O. (1994). *Resilient adults: Overcoming a cruel past.* San Francisco: Jossey-Bass.

히긴스는 여러 가지 척도로 살펴보았을 때 아동기에 심각한 학대나 외상을 경험했지만 현재 잘 지내고 있다고 여겨지는 40명을 대상으로 면담과 심리검사를 수행했다. 이 책은 그녀가 알게 된 것을 편집하였고, '탄력적인 사람들' 의 탄력성 양성에 관한 특별한 조언과 탄력적인 성인의 특별한 모습들이 포함되어 있다. 회복이라는 여정에 대하여 강점 기반의 관점과 유용한 특별한 조언을 제공하는 이 책은 아동기에 정신적 외상을 경험한 사람은 누구라도 '필독' 해야 한다.

Primetime Live. (1998, April 15). *Freedom writers*(video). New York: ABC News.

텔레비전 뉴스 잡지인 *Primetime Live*의 일부인 『자유기고가의 일기(*The Freedom writer's Diary*)』(위 참조)에 기술된 여정의 시각적 기록물을 편집하여 보여 준다.

Werner, E. E., & Smith, R. S. (1992). *Overcoming the odds: High-risk children from birth to adulthood.* New York: Cornell University Press.

워너는 공동저자인 스미스와 함께 지금까지 미국에서 탄력성에 관하여 가장 오랫동안 연구를 주도하고 유지하였기 때문에 '탄력성의 어머니' 로 알려져 있다. 이 책은 카우아이 섬에서 40년간 종단연구를 한 결과를 독자가 읽기 쉽게 자세하게 기록한 것이며, 탄력적인 십대

엄마들과 탄력적인 '비행'과 정신건강 문제 진단을 받은 탄력적인 청소년에 관한 내용으로 구성되어 있다. 이 책은 카우아이 연구뿐 아니라 미국의 다른 지역에서의 유사한 연구들을 토대로 어떻게 아동이 회복되는가에 관한 특별한 정보를 제공한다.

WestEd. (2000). *The healthy kids' resilience module.* San Francisco: WestEd Regional Educational Laboratory.

웨스테드 지역교육 실험실이 만든 중 · 고등학교 학생용 60항목 설문지는 청소년 탄력성을 가장 정확하게 측정한다. 이 설문지는 탄력성 요인들의 종합 사정을 위해서 보니 버나드(Bonnie Benard)를 포함하는 전국의 연구전문가가 패널이 되어 구성하였다. 이는 이론적인 기반이 있고, 발달론적 · 문화적으로 적절하며, 심리적으로 신뢰할 수 있고, 타당하게 구성되어 있다. 현재 캘리포니아에서 널리 사용되는 이 설문지는 다른 주의 학교들도 접근이 가능하다.
(연락정보는 다음 장에 제시한 웹사이트 자료 참조)

Wolin, S. J., & Wolin, S. (1993). *The resilient self: How survivors of troubled families rise above adversity.* New York: Villard.

울린 부부는 고통스러운 상황에 대처하는 동안 발달된 강점들을(이 책의 제1장에 기술된 '탄력성') 공감하는 마음으로 지적하면서, 어떻게 개인이 역경하에서 성장을 위해 반응하는가에 대한 그림을 '그렸다.' 그들은 대중문화가 강조하는 '피해자로서의 생존자' 개념에 도전하고 '손상 모델'에서 역경의 극복을 바라보는 '도전 모델'로의 이동이 중요함을 강조한다. 그들은 반복적으로 탄력성을 설명하는 강점 메시지를 제공하는 교사와 관심을 보이는 성인이 '대안거울'이라는 중요한 개념도 다루고 있다.

Wolin, S. J., & Wolin, S. (1994). *Survivor's pride: Building resilience in youth at risk*(video). Vernona, WI: Attainment Company.

이 비디오의 첫 부분에서, 울린 부부는 그들의 책에 기술된 일곱 가지 '탄력성'과 함께 '손상 모델'과 '도전 모델'의 차이를 제시한다. 그러나 비디오의 대부분은 탄력적인 청소년과 그들의 삶에서 탄력성을 양성하는 성인과의 심층면접으로 구성된다. 청소년과 일을 하는 어떤 집단이든 이 비디오를 교육자료로 유용하게 활용할 수 있다.

다음의 해설들은 효과적인 학교 변화, 조직적 발달 및 좀 더 상세한 재구조화를 탐색하는 독자에게 도움을 주기 위해 제공하는 것이다.

Fiske, E. B. (1991). *Smart schools, smart kids*. New York: Simon & Schuster.

이 책은 학교 개혁과 탄력성 증진을 가장 잘 구체화시킨 뛰어난 학교들의 사례를 상세하게 제공함으로써 교육적 조망을 제시한다. 이는 독자에게 자신의 학교를 개선하는 데 도움이 되는 소중한 통찰력을 제시하며, '현명한 학교로 이끄는 자원 안내'를 포함한다.

Fullan, M. G. (2001). *The new meaning of educational change* (3rd ed.). New York: Teachers College Press.

풀란은 교육에서의 혁신과 변화를 이해하기 위한 기초를 제공하고 있는 이 3판에서 학교 변화에 관한 세미나 책을 수정하고 확장시켰다. 원인과 계획, 그리고 효과적인 변화와 연결된 과정이 포함되어 있다. 분명하고 이해하기 쉬운 언어로 쓰인 이 책은 학교 개혁으로 이끄는 고전적 안내서다.

Herman, J. L., Aschbacher, P. R., & Winters, L. (1992). *A Practical guide to alternative assessment*. Alexandria, VA: Association for Supervision and Curriculum Development.

이 책은 실천가에 의해 쓰였고, 독자가 계량화할 수 있는 일보다는 중요한 일에 초점을 맞추도록 격려하는 효과적인 사정으로 안내한다. 또한 독자가 자신의 사정 도구를 마련하도록 장려하고 도구 개발을 위한 구체적인 아이디어를 제공한다.

KIDS Consortium. (1998). *Reform, resiliency, and renewal: KIDS in action*. Lewiston, ME: KIDS Consortium.

KIDS는 서비스를 제공하는 데 참여한 아이들(Kids Involved Doing Service)을 나타내며, 이 조직의 책은 서비스 학습을 효과적으로 집행하게 하는 탁월한 지침서다. KIDS 협회 모델은 학생, 학문적 성취, 지역사회 프로젝트와 참여, 교육개혁 및 탄력성을 연결하는 데 매우 효과적이다. 이 책은 학생과 교사, 지역사회 지도자들로부터 어떻게 KIDS 모델을 진행할 것인가와 왜 그 모델이 필요하고 어떻게 교육에서 탄력성 증진 변화를 촉진하는가에 관한 자세한 정보를 제공한다.

Meier, D. (1995b). *The power of their ideas*. Boston: Beacon Press.

20년간 메이어는 공립학교 학생의 90%가 졸업을 하고, 그중 90%가 대학에 진학하는 할렘에 있는 센트럴파크 이스트에서 고정관념에 도전하는 학교를 이끌어 왔다. 그녀는 탄력성 증진의 반영이라 할 수 있는 혁신들을 기술하면서, 학교의 성공에 대한 개인적이고 전문가적인 성찰을 제공한다. 그녀는 교육에서 유사한 혁신이 일반적으로 자리잡아야 한다는 것도 설득력 있게 주장한다.

Milstein, M. (1993). *Restructuring schools: Doing it right*. Newbury Park, CA: Corwin.

이 책은 학교 재구조화를 위한 실천가들의 지침서로, 효과적인 학교 변화과정을 실용적이고 쉽게 이해할 수 있는 단계로 나누어 설명한다. 또한 어떻게 구조와 역할을 재구조화에 이르도록 발전시키는가에 관한 정보를 제공하고 이러한 노력에서 사용될 활동을 제공한다. 각각의 중요한 부분은 그래픽 모형으로 그려져 있고 어떻게 재구조화가 일어나는가를 분명하게 보여 준다.

Milstein, M. M., & Henry, D. A. (2000). *Spreading resiliency: Making it happen for schools and communities*. Thousand Oaks, CA: Corwin.

탄력성 전파는 학생, 교사, 행정가, 학부모 그리고 다른 지역사회 구성원이 모두 탄력성을 향상시키는 중요한 역할을 해야 한다는 약속에 기초한다. 시련으로부터 회복될 수 있는 모든 것, 즉 탄력성은 학교와 지역사회가 높은 중퇴 비율, 학부모 참여의 부족 및 변화하는 가족구조와 같은 도전에 효과적으로 대처하기 위해서 필수적인 것이다. 『학교사회복지와 탄력성(*Resilieny in Schools*)』에 소개된 개념을 토대로, 이 책은 모든 지역사회 구성원을 위해 탄력성을 향상시키는 전략을 포함하고, 교실과 학교 및 지역사회에서 이러한 전략을 집행하는 방안을 포함하는 종합적인 예고편이다.

Murphy, J., & Hallinger, P. (1993). *Restructuring schooling: Learning from ongoing efforts*. Newbury Park, CA: Corwin.

이 책은 재구조화의 배경과 개념뿐만 아니라 과정 중에 고려해야만 하는 다양한 요소의 유용한 범주를 포함하고 있다. 교과과정과 강의의 '핵심 기술'에 강조점을 두고 있다. 집행 문제에 관한 현실적인 관점이 제공된다.

National LEADership Network Study Group on Restructuring Schools. (1991). Washington, DC: U.S. Department of Education.

아홉 개 주에서 온 LEAD 책임자로 구성된 집단과 그 밖의 사람들은 학교 지도자들이 재구조화를 이끌도록 하는 데 필요한 교육과 훈련을 탐색한다. 재구조화에 참여한 행정가의 피드백에 기초하여, 이 보고서는 리더십 개발과 리더십 역할 기대의 변화를 강조한다.

Schmuck, R., & Runkel, P. J. (1994). *The handbook of organization development in schools and college*. Prospect Heights, IL: Waveland Press.

재구조화는 궁극적으로 변화와 혁신에 대한 학교 재량에 달려 있다. 이 책은 조직발달 기술을 소개하고 사정, 조사 피드백, 개입 및 평가와 같은 활동을 수행하기 위한 기법을 실천적 용어로 제시한다. 더욱이 그것은 목적설정, 의사소통, 문제해결, 의사결정 및 다른 집단 효율성 문제를 탐색하고 개선하기 위한 활동을 제시한다.

| 유용한 웹사이트 |

resiliency.com The Resilieny In Action 웹사이트는 난 헨더슨(Nan Henderson)과 보니 버나드(Bonnie Benard), 그 밖의 탄력성 저자들에 의해 기업의 책과 팸플릿, 다른 인쇄자료뿐 아니라 다운받을 수 있는 무료 논문들이 게시되어 있다. 이 사이트에는 전 세계에 무료로 공급되는 온라인 월간 뉴스레터인 *Resiliency In Action News*, *Resiliency Forum*, *The Resiliency Training Program*을 포함하는 많은 탄력성 관련 발표와 교육에 관한 정보도 포함되어 있다.

projectresilience.com. 선구적인 탄력성 연구자인 시빌 울린(Sybil Wolin)과 스티브 울린(Steve Wolin)이 이 웹사이트를 운영한다. 이곳에는 탄력성 프로젝트에 관한 정보, 워싱턴 시의 기관뿐 아니라 그들의 책과 성과물, 훈련, 링크 및 탄력성 철학의 탁월한 설명을 포함한다.

freespirit.com 이곳은 프리스피릿(Free Spirit) 출판사의 사이트인데, 탄력성의 양성과 직접적으로 관련된 많은 품목을 포함하는 뛰어난 '자조(self-help)' 관련 책과 모든 연령의 아동을 위한 결과물로 채워져 있다. 프리스피릿은 부모와 교육자에게 똑같이 뛰어난 자원이다.

WestEd.org/hks 웨스테드 지역 교육실험실 웹사이트의 이 부분은 이 책의 '추천 도서'에 기술된 청소년 탄력성 모형을 포함하는 건강한 아동 설문지(Healthy Kids Survey)에 관한 정보가 들어 있다.

tucsonresiliency.org 이 투산 탄력성 주도성(Tucson Re-siliency Initiative) 사이트는 미국 지역사회 전반의 탄력성 주도성에 관한 정보의 보고다. 이 사이트에는 그들이 한 일들과 어떻게 했는지, 그리고 많은 유용한 링크가 포함되어 있다.

publicallies.org 워싱턴 시에 위치한 조직 퍼블릭 알리스(Public Allise)는 지역사회 서비스 실습제를 통하여 의미 있는 기여 기회를 제공함으로써, 어떻게 청소년에게 탄력성 증진 조건을 만들어 주는가에 관하여 최상의 정보를 제공해 주는 곳 중 하나다.

dosomething.org 이곳은 어떻게 청소년들을 자신의 지역사회에서 차이를 만들어 가는 데 효과적으로 참여시킬 것인가에 관한 정보의 뛰어난 출처다.

kidsconsortium.org 이곳은 우리가 탄력성 양성의 모든 요소를 통합하는 서비스 학습을 통해 청소년을 학교와 지역사회로 돌려보내는 것에 관한 아이디어와 통찰력을 발견했던 가장 훌륭한 사이트다. 기관의 출판물, 소식지와 많은 실천적 제안을 이 사이트를 통해 얻을 수 있다.

search-institute.org 이곳은 긍정적인 청소년 발달로 이끄는 40개의 발달적 자산을 만든 곳이다. 이것은 탄력성 연구, 아동·청소년의 발달 및 위험 예방에 관한 연구들에서 얻어진 청소년의 안녕과 성공에 기여하는 요인들의 목록이다. 이 탐색 웹사이트는 많은 연구 논문, 출판물 그리고 교육 자료들을 제공한다.

| 참고문헌 |

Anderson, G., Herr, K., & Nihlen, A. (1994). *Studying your own school.* Thousand Oaks, CA: Corwin.

Benard, B. (1991). *Fostering resiliency in kids: Protective factors in the family, school, and community.* San Francisco: WestED Regional Educational Laboratory.

Benard, B. (1993). *Turning the corner from risk to resiliency.* San Francisco: WestED Regional Educational Laboratory.

Benson, P., Galbraith, J., & Espeland, P. (1998). *What kids need to succeed: Proven, practical way to raise good kids.* Minneapolis, MN: Free Spirit.

Berman, P., & McLaughlin, M. (1997). *Federal programs supporting educational change: Vol. 7. Factors affecting implementation and continuation.* Santa Monica, CA: Rand Corporational .

Botvin, G. J., & Botvin, E. M. (1992). Adolescent tobacco, alcohol, and drug abuse: Prevention strategies, empirical findings, and assessment issues. *Journal of Developmental and Behavioral Pediatrics, 13*(4), 29.

Bowers, D. J., & Franklin, J. L. (1997). *Survey-guided development I:*

Databased organizational change. La Jolla, CA: University Associates.

Boyer, E. L. (1983). *High schools: A report on secondary education in America.* New York: Harper & Row.

Brooks, R., & Goldstein, S. (2001). *Raising resilient children.* Chicago: Contemporary Books.

Brown, J. H., D' Emidio-Caston, M., & Benard, B. (2001). *Resilience education.* Thousand Oaks, CA: Corwin.

Buckingham, M., & Clifton, D. O. (2001). *Now, discover your strengths.* New York: The Free Press.

Cameron, J. (1992). *The artist's way: A spiritual path to higher creativity.* New York: The Putnam Publishing Group.

Covey, S. P. (1989). *The seven habits of highly effective people.* New York: Simon & Schuster.

Deal, T. (1987). The culture of schools. In Association for Supervision and Curriculum Development, *1987 yearbook: Leadership.* Alexandria, VA: Association for Supervision and Curriculum Development.

Dessetta, A., & Wolin, S. (Eds). (2000). *The struggle to be strong: True stories by teens.* Minneapolis, MN: Free Spirit.

Desetta, A., & Wolin, S. (2000). *A leader's guide to the struggle to be strong: How to foster resilience in teens.* Minneapolis, MN: Free Spirit.

Duncan, A. (1995). Caring classroom nurtures children's resilience. *Western Center News, 8*(2) 1, 3. Portland, OR: Western Regional Center for Drug-Free Schools and Communities, Northwest Regional Educational Laboratory.

Fine, M. (1991). *Framing dropouts: Notes on the politics of the urban public high school.* Albany, NY: State University of New York Press.

Fiske, E. B. (1991). *Smart schools, smart kids.* New York: Simon & Schuster.

The Freedom Writers (with Erin Gruwell). (1999). *The freedom writer's diary.* New York: Doubleday.

Fullan, M. G. (2001). *The new meaning of educational change* (3rd. ed.). New York: Teachers College Press.

Gelham, D. (1991, Summer). The miracle of resiliency. *Newsweek*, Special Issue, pp. 44-47.

Hawkins, J. D., & Catalano, R. F. (1990). *20 questions: Adolescent substance abuse risk factors* (audiotape). Seattle, WA: Developmental Research and Programs.

Hawkins, J. D., Catalano, R. F., & Miller, J. Y. (1992). Risk and protective factors for alcohol and other drug problems. *Psychological Bulletin, 112*(1), 64-105.

Henderson, N., Benard, B., & Sharp-Light, N. (Eds.). (1999). *Resiliency in action: Practical ideas for overcoming risks and building strengths in youth, families & communities.* San Diego, CA: Resiliency In Action.

Henderson, N., Benard, B., & Sharp-Light, N. (Eds.). (2000). *Mentoring for resiliency: Setting up programs for moving youth from "stressed to success."* San Diego, CA: Resiliency In Action.

Henderson, N., Benard, B., & Sharp-Light, N. (Eds.). (2000). *Schoolwide approaches for fostering resiliency.* San Diego, CA: Resiliency In Action.

Herman, J. L., Aschbacher, P. R., & Winters, L. (1992). *A pracrtical guide to alternative assessment.* Alexandria, VA: Association for Supervision and Curriculum Development.

Higgins, G. O. (1994). *Resilient adults: Overcoming a cruel past.* San Francisco: Jossey-Base.

Johnson, D. W., & Johnson, R. (1989). *Cooperation and competition: Theory and research.* Edina, MN: Interactive Book Company.

KIDS Consortium. (1998). *Reform, resiliency, and renewal: KIDS in action.* Lewiston, ME: KIDS Consortium.

Krovetz, M. L. (1999). *Fostering resiliency: Expecting all students to use their minds and hearts well.* Thousand Oaks, CA: Corwin.

Krueger, R. A. (1994). *Focus groups* (2nd ed.). Thousnad Oaks, CA: Sage.

Levine, S. L. (1989). *Promoting adult growth in schools.* Boston: Allyn & Bacon.

Lightfoot, S. L. (1983). *The good high school: Portraits of character and culture.* New York: Basic Books.

McLaughlin, M., Irby, M., & Langman, J. (1994). *Urban sanctuaries: Neighborhood organizations in the lives and futures of inner-city youth.* San Francisco: Jossey-Bass.

Meier, D. (1995a). Small schools, big results. *The American School Board Journal,* July 1995, 37-40.

Meier, D. (1995b). *The power of their ideas.* Boston: Beacon Press.

Milstein, M. (1990). Plateauing as an occupational phenomenon among teachers and administrators. *Journal of Personnel Evaluation in Education,* 3, 325-336.

Milstein, M. (1993). *Restructuring schools: Doing it right.* Newbury Park, CA: Corwin.

Milstein, M., & Henry, D. A. (2000). *Spreading resiliency: Making it happen for schools and communities.* Thousand Oaks, CA: Corwin.

Murpy, J., & Hallinger, P. (1993). *Restructuring schooling: Learning from ongoing efforts.* Newbury Park, CA: Corwin.

Nadler, D. A. (1979). Alternative data-feedback designs for organizational intervention. In *The 1979 annual handbook for group facilitators*. La Jolla, CA: University Associates.

National Commission on Exellence in Education. (1983). *A nation at risk: The imperative for educational reform*. Washington, DC: U.S. Department of Education.

National LEADership Newtwork Study Group on Restructuring Schools. (1991). Washington, DC: U.S. Department of Education.

Noddings, N. (1988, December 7). Schools face "crisis in caring." *Education Week*, 32.

Noddings, N. (1992). *The challenge to care in schools: An alternative approach to education*. New York: Teachers College Press.

Peters, T., & Waterman, P. (1983). *In Search of excellence: Lessons from America's best-run companies*. New York: Warner Books.

Primetime Live. (1998, April 15). *Freedom writers* (video). New York: ABC News.

Richardson, G. E., Neiger, B. L., Jenson, S., & Kumpfer, K. L. (1990). The resiliency model. *Health Education, 21*(6), 33-39.

Rosenthal, R., & Jacobson, L. (1968). *Pygmalion in the classroom*. New York: Holt Rinehart & Winston.

Schmuck, R., & Runkel, P. J. (1994). *The handbook of organizational development in schools and colleges*. Prospect Heights, IL: Waveland Press.

Senge, P., Kleiner, A., Roberts, C., Ross, R. B., & Smith, B. J. (1994). *The fifth discipline fieldbook*. New York: Currency Doubleday.

Werner, E. E. (1990). Protective factors and individual resilience. In S. J. Meisels & J. Shonkoff (Eds.), *Handbook of early childhood intervention* (pp. 97-116). New York: Cambridge University Press.

Werner, E. E., & Smith, R. S. (1992). *Overcoming the odds: High-risk children from birth to adulthood*. New York: Cornell University Press.

Werner, E. E., & Smith, R. S. (2001). *Journey from childhood to midlife: Risk, resiliency, and recovery*. New York: Cornell University Press.

WestEd. (2000). *The healthy kids' resilience module*. San Francisco: WestEd Regional Educational Laboratory.

Willower, D. J. (1965, Autumn). Hypotheses on the school as a social system. *Educational Administration Quarterly, 1,* 42-51.

Wolin, S. J., & Wolin, S. (1993). *The resilient self: How survivors of troubled families rise above adversity*. New York: Villard.

Wolin, S. J., & Wolin, S. (1994). *Survivor's pride: Building resilience in youth at risk* (video). Vernona, WI: Attainment Company.

추가 관련서적

Bardwick, J. (1986). *The plateauing trap*. New York: American Management Association.

Benard, B. (1991). *Fostering resiliency in kids*. Portland, OR: Western Regional Center for Drug-Free Schools and Communities, Northwest Regional Educational Laboratory.

Benson, P. L. (1997). *All kids are our kids: What communities must do to raise caring and responsible children and adolescents*. San Francisco: Jossey-Bass.

Blum, D. (1998, May/June). Finding strength. *Psychology Today*, pp. 32-38, 66-70, 72-73.

Blum, R. W., & Rinehart, P. M. (1997). *Connections that make a difference in the lives of youth*. Minneapolis, MN: Division of General Pediatrics and Adolescent Health, University of Minnesota Printing Services.

Drucker, P. F. (1998). Introduction: Civilizing the city. In F. Hesselbein, M. Goldsmith, R. Beckhard, & R. F. Schubert (Eds.), *The community of the future*. San Francsico: Jossey-Bass.

Epstein, J. L., Coates, L., Salinas, K. C., Sanders, M. G., & Simon, B. S. (1997). *School, family, and community partnerships*. Thousand Oaks, CA: Corwin.

Gardner, H. (1983). *Frames of mind: The theory of multiple intelligences*. New York: Basic Books.

Goleman, D. (1995). *Emotional intelligence*. New York: Batnam Books.

Hesselbein, F., Goldsmith, M., Beckhard, R., & Schubert, R. F. (Eds.). (1998). *The community of the future*. San Francisco: Jossey-Bass.

Lickona, T. (1991). *Educating for character*. New York: Batnam Books.

Pipher, M. (1996). *The shelter of each other: Rebuilding our families*. New York: A Grosset/Putnam.

Roehlkepartain, E. C., & Benson, P. L. (1996). *Healthy communities-Healthy schools*. Minneapolis, MN: Search Institute.

Rutter, M. (1989). Pathways from childhood to adult life. *Journal of Child Psychology and Psychiatry, 30*, 23-51.

Schorr, L. B. (1988). *Within our reach: Breaking the cycle of disadvantage*. New York: Anchor Books.

Schorr, L. B. (1997). *Common purpose: Strengthening families and neighborhoods to rebuild America*. New York: Doubleday.

Wheatley, M. J., & Kellner-Roger, M. (1998). The paradox and promise of community. In F. Hesselbein, M. Goldsmith, R. Beckhard, & R. F. Schubert (Eds.), *The community of the future*. San Francisco: Jossey-Bass.

| 찾아보기 |

인명

Anderson, G. 109, 135
Aschbacher, P. R. 108

Bardwick, J. 63
Benard, B. 17, 18, 24, 29, 37, 51
Berman, P. 83
Bowers, D. J. 100
Boyer, E. L. 62

Catalano, R. F. 28

Deal, T. 87
Duncan, A. 42

Fine, M. 56
Fiske, E. B. 36, 39, 40, 45, 54
Franklin, J. L. 100
Fullan, M. G. 111, 156

Gelham, D. 37

Hawkins, J. D. 28, 30, 156
Henderson, N. 6, 30, 39, 115, 119, 123, 132, 136, 162
Herman, J. L. 108
Herr, K. 109, 135
Higgins, G. O. 17, 21, 26, 29, 38

Irby, M. 78

Jacobson, L. 105, 164
Jenson, S. 17, 20
Johanson, D. W. 156
Johanson, R. 156

Kleiner, A. 92
Krueger, R. A. 97
Kumpfer, K. L. 17, 20

Langman, J. 78
Levine, S. L. 106
Lightfoot, S. L. 54

MaLaughlin, M. 78, 83
Meier, D. 40, 53
Miler, J. Y. 28
Milstein, M. 6, 63, 64, 80, 88, 98, 107, 162

Nadler, D. A. 100
Neiger, B. L. 17, 20
Nihlen, A. 109, 135
Noddings, N. 29, 54

Peters, T. 80, 89

Richardson, G. E. 17, 19, 20, 21
Roberts, C. 92
Rosenthal, R. 105, 164
Ross, R. B. 92
Runkel, P. J. 95, 168, 170

Schmuck, R. 95, 168, 170
Senge, P. 92
Smith, B. J. 92
Smith, R. S. 17, 19, 26, 29, 31, 38

Waterman, P. 80, 89
Werner, E. E. 17, 19, 24, 26, 29, 31, 37, 38
Willower, D. J. 63
Winters, L. 108
Wolin, S. 13, 16, 17, 20, 21, 24, 25, 35, 163
Wolin, S. J. 13, 16, 17, 20, 21, 24, 25, 35, 163

내용

STP 127, 168, 169
Y차트 만들기 164

가족 참여 48
갈등관리 70
갈등조정 142, 148, 153
갈등조정 과정 154
갈등조정 프로그램 130
갈등해소 프로그램 153
개별화 36
개입 95, 105, 106, 128
개입 팀 151
개입 프로그램 7
개입과정 129
경로 128, 168
고등학교 교실의 모습 45
고위험 아동 18
고위험 환경 19, 31, 38
공립학교 체계 61, 62
공장 모델 39
과정 평가 118
관계성 25, 36
관찰 99, 108
교육자 정체 162, 177
교육자 탄력성 62, 64
교육자의 탄력성을 방해하는 요인 60
교육적 요인 108
교정 렌즈 19
교정 훈육 146
구조 정체 162
규범 166
기술건설자 프로그램 130, 131, 134

내부자적 연구 109
내부적 요인 62
내용 정체 162
내적 보호요인 21, 22, 23, 26
내적 요인 163
노스 고등학교 84
높은 기대를 설정하고 전달하기 29, 41, 51, 53, 65, 71, 74, 82, 89, 91, 102

도덕성 25
독립심 25
동의 95, 99, 118, 126, 161
또래 대 또래 프로그램 52
또래 조정자 130
똑바로 걸어라 프로그램 149

리더십 훈련 프로그램 157

마크 트웨인 학교 142
멘터링 157
면담 97, 98, 99, 108, 134
목적달성 170
목표설정 49, 70
문제해결 70
문헌 31
미국약물남용예방센터 136

변화 80, 81, 95
변화과정 7, 115, 126
보살핌 29, 30, 36, 39, 43, 49
보살핌과 지지 제공하기 29, 41, 50, 53, 65, 70, 74, 82, 88, 91, 102
보상체계 63, 71, 79, 91, 130
보호요인 5, 19, 21, 22, 27, 38, 42
부적응 20
분명하고 일관된 경계 설정하기 28, 41, 48, 53, 65, 69, 74, 82, 87, 91, 102
브레인스토밍 168

사명 선언문 84, 128, 136, 142, 144, 157
사정 95, 96, 105, 106, 118, 124, 161
사정과정 118, 124, 128
사정도구 108
사정양식 118
사정하기 160
생애사건 21, 22, 38
생활 정체 162
생활기술 가르치기 28, 41, 49, 53, 65, 69, 74, 82, 88, 91, 102, 175
서비스 학습 52
설문조사 134
설문조사 피드백 121
설문지 97, 98, 99, 108
성인 역할 모델 35
성인 중심의 개입 133
세력권 분석 170, 171
센트럴파크 이스트 학교 54, 78
손상 25
손상 모델 13
시범 활동 122
신념목록 144
실천가 연구 109
실천가를 위한 행동연구 주기 110

안녕 모델 16
안전하고 약물 없는 학교 120
앨버커키 공립학교 116
앨버커키 조기 기회 프로젝트 115, 116, 133, 141
약물 없는 학교와 지역사회 42
역할 모델 5, 60
역할 모델로서의 교육자 59
연구자로서의 교사 110
영리한 학교, 영리한 아이들 45
예방 조사 49
예방과 개입 프로그램 22, 40
예방적인 훈련 145, 146
예의 바름 150
외적 보상 70
외적 요인 163
우등상 프로그램 149
운영 요인 108
위기에 처한 국가 62
위원회 97
위험 15, 26, 27, 38, 163
위험 감수 70, 79
위험연구 17, 18, 38
위험요인 15, 18, 27, 38
위험요인 연구 27
유대 증가시키기 28, 41, 48, 53, 65, 68, 74, 82, 86, 91, 102
유머 25
유치원생 짝꿍 43, 50
의료 모델 16
의무교육 61
의미 있는 참여 기회 제공하기 30, 41, 51, 53, 65, 72, 74, 82, 90, 91, 102

의사결정 30, 39, 49, 169
의사결정 동의 169
의사소통 70
이스트 산호세 권리 목록 147
이스트 산호세 학교 147, 149
인식 173

자기보정 19, 21
자기충족적 예언 38
장려 프로그램 142, 149
재구조화 64, 72, 118
재통합 19, 20
정보 공유 123
정보수집 98
정체 162
정체 도구 163
조기 기회 115
조기 기회 프로젝트 126, 130
조직문화 86
존중 150
종단연구 18
주도성 25
주도적인 활동 122
준비 정도 120, 121, 122
지속적 접근 95, 110, 119, 136
진단-개입-평가 과정 95
짝꿍 프로그램 157
짝꿍교사 146

창의성 25
창조성 137
창조성 기회 132
책임성 150
책임실 130, 131, 148
처벌 43, 48
초등학교 교실의 모습 42
초점집단 97, 108, 119, 134
총괄평가 107
추수 훈련 119

카우아이 종단연구 5
클리블랜드 중학교 150
킷 카슨 학교 144, 145

타이틀 I 기금 120
탄력성 5, 13-33
탄력성 그림 161
탄력성 망 31, 161
탄력성 모델 19, 20, 21, 110
탄력성 문헌 19, 26, 36, 41, 122
탄력성 바퀴 7, 27, 30, 31, 40, 47, 152, 160, 161
탄력성 연구 14, 16, 17, 19, 38, 74
탄력성 중심의 변화과정 121
탄력성 증진 17, 22, 36, 53, 141, 156, 161
탄력성 증진 교실 42-47
탄력성 증진 요인 22, 68, 85, 98, 172
탄력성 증진 학교 77-93, 104
탄력성 증진 학교 정책 마련하기 129
탄력성 증진 학교 환경 78
탄력성 증진 학교의 모습 91
탄력성 증진 학교의 발전을 방해하는 요인 79
탄력성 증진 학습전략 142
탄력성 증진 환경 45
탄력성 증진을 평가하기 위한 활동지 135
탄력성 태도 38
탄력성 특징을 가진 교육자의 모습 74
탄력성 형성 95
탄력성 형성자 30, 39
탄력성을 양성하는 6단계 26-30, 47
탄력성의 출현 14
탄력적인 교사 65
탄력적인 교육자 64, 73
탄력적인 성인 24
탄력적인 아동 24
탄력적인 행정가 67
통찰력 25
튜터링 157

페어대일 고등학교 45

평가 95, 107, 134
평가 활동지 172
포상 43
포상 프로그램 50
포조아크 밸리 학군 152
표적 128, 168, 171
프로젝트 반복 120
프로젝트 설계 116
프로젝트 진행 117
프로젝트 평가 118
피그말리온 효과 105, 164

하이랜드 고등학교 153
학교 단위 책임경영 72
학교 분위기 86
학교 비전 128, 136, 142, 157
학교 운영 142
학교 재구조화 116
학교 탄력성 증진 162
학교 탄력성 증진 사정하기 97, 118, 121, 162, 174
학교현장 책임경영 64
학생 또래 원조자 프로그램 157
학생 조정자 148, 154
학생 중심 개입 157
학생 중심의 탄력성 156
학생 중심의 탄력성 증진 과정 133
학생 탄력성 35-57
학생 탄력성 증진 116
학생 탄력성 증진의 장벽 37-41
학생의 권리 49
학생의 권리 목록 147
학생지원 142
학생지지 집단 157
학습전략 40
학업성취 53
항상성 19
해이 초등학교 83
행동계획 118
행동과정 127, 132
행동과정 설정 95, 101, 127
행동기준 131, 132
행동주의 과학자 5
향상상 프로그램 149
현재 상황 128, 168
현재 상황 사정하기 98
형성평가 107
환경 21
환경적 보호요인 23, 26
환경적 요인 61
활동지 172
훈련과 계획 세션 117
훈육 145
훈육 정책 142, 148, 151

저자 소개

▣ 난 헨더슨(Nan Henderson)

난 헨더슨은 사회복지학 석사학위를 취득했고, 캘리포니아 주 샌디에이고에 있는 출판과 교육 분야 회사 Resiliency in Action의 대표다. 탄력성과 안녕, 긍정적인 청소년 발달, 학교와 조직의 변화에 관한 그녀의 저서들은 25개국 이상에서 사용하고 있으며 스페인어와 러시아어로 번역되었다. 저자는 캘리포니아, 버몬트, 콜로라도, 텍사스, 뉴햄프셔 주의 교육부에서 훈련과 자문을 제공하고 있다. 그리고 빅브라더스/빅시스터스(Big Brothers/Big Sisters)와 업워드 바운드(Upward Bound)를 포함하여 미국, 캐나다, 뉴질랜드의 수백 개의 학군과 사회서비스 기관에 참여하고 있다. 저자는 5개 대학 및 대학교에서 교수로 재직했고, 청소년, 성인, 가족을 대상으로 임상치료사로도 활동했으며, 시와 도 전역의 예방과 탄력성 프로그램을 지도했다. 저자는 탄력성에 관한 5권의 책과 관련 논문을 저술했으며, 전 세계로 전파되는 온라인 뉴스레터의 작가이기도 하다.

▣ 마이크 밀스테인(Mike M. Milstein)

마이크 밀스테인은 The Resiliency Group 사의 협력자이자 뉴멕시코 대학교의 명예교수다. 강의, 연구 및 저술 분야는 탄력성, 조직 변화와 발전이다. 저자는 오리건 주 애슐랜드, 미시건 주 배틀크리크, 테네시 주 셸비 카운티 등의 지역에서 학교와 지역사회 탄력성 개발을 위해 적극적으로 노력하고 있다. 그가 촉진하는 탄력성 주도 활동은 교실에서의 강의를 비롯하여, 교과과정 개선 노력, 교육자의 탄력성을 향상하기 위한 교내 활동 및 아동과 성인 모두를 위한 탄력성 개발을 지원하는 학교와 지역사회의 공조 활동을 포함한다. 그는 『탄력성 전파: 학교와 지역사회의 신화창조(*Spreading Resiliency: Making It Happen for Schools and Communities*)』(Doris Annie Henry et al., 2000)를 포함하여 11권의 책을 저술했다.

역자 소개

■ 장승옥

역자는 버클리 대학교에서 사회복지학 박사학위를 받고, 1995년부터 계명대학교 사회복지학과 교수로 재직 중이다. 인간행동과 사회환경, 사회복지실천론, 학교사회복지, 아동청소년복지연구 등을 강의하고 있으며, 관심 연구 분야는 알코올과 약물 남용, 탄력성 증진 프로그램 개발, 청소년 대상 사회복지실천이다. 『사회복지실천 이해와 적용』(2004), 『물질남용 이론과 실제: 사회복지사, 상담가, 치료사, 상담교사를 위한 지식』(2006) 등의 역서와 청소년 음주에 관한 다수의 논문이 있다.

학교사회복지와 탄력성: 학생과 교육자의 꿈 이루기
Resiliency in Schools: Making It Happen for Students and Educators

2008년 6월 5일 1판 1쇄 인쇄
2008년 6월 10일 1판 1쇄 발행

지은이 • Nan Henderson · Mike M. Milstein
옮긴이 • 장승옥
펴낸이 • 김진환
펴낸곳 • 학지사
121-837 서울시 마포구 서교동 352-29 마인드월드빌딩 5층
대표전화 • 02-326-1500 팩스 • 02-324-2345
등록 • 1992년 2월 19일 제2-1329호
홈페이지 www.hakjisa.co.kr

ISBN 978-89-5891-708-3 93330
가격 8,000원